RÉFLEXIONS

SUR

L'ORGANISATION MUNICIPALE.

RÉFLEXIONS

SUR

L'ORGANISATION MUNICIPALE

ET SUR

LES CONSEILS GÉNÉRAUX DE DÉPARTEMENT

ET LES CONSEILS D'ARRONDISSEMENT.

PAR

M. DUVERGIER DE HAURANNE,

DÉPUTÉ DE LA SEINE-INFÉRIEURE.

PARIS,

HACQUART, Imprimeur de la Chambre des Députés, rue Gît-le-Cœur, n° 8.

1818.

AVANT-PROPOS.

Une Loi sur l'Organisation de l'Administration Municipale et des Conseils d'Arrondissement et de Département a été demandée de toutes parts pendant la dernière session des Chambres : M. de Villèle l'a réclamée en plusieurs occasions avec la plus vive instance, et tout le monde a senti, avec lui, que nous ne pouvions pas rester dans l'état provisoire où des circonstances impérieuses nous ont placé, provisoire dans lequel le Gouvernement nomme à toutes les places, sans aucun concours des habitans des communes , arrondissemens et départemens qui ne participent plus à la nomination des Conseils qui, dans ces divisions locales, délibèrent sur leurs intérêts.

Prévoyant qu'une loi sera présentée à la prochaine session, et voulant me préparer pour cette discussion, j'ai comparé ensemble les lois anciennes et nouvelles; ce travail m'a entraîné successivement à écrire ces Réflexions, que je soumets au public et que je me propose de distribuer aux Chambres. Mon seul but est d'être utile et d'appeler l'attention sur des questions dont la solution importe au bonheur de la France, puisque rien n'influe davantage sur la prospérité ou la décadence d'un État, sur le bien-être ou le malheur des habitans, qu'une forme d'administration bonne ou mauvaise; j'ose donc compter sur l'indulgence de mes lecteurs ; je déclare, d'ailleurs, que je ne connais en aucune manière les projets du Gouvernement. (a)

Mon sujet m'a conduit à blâmer avec sévérité les institutions de l'Assemblée Constituante, je n'en professe pas moins la plus haute estime pour les grands talens qui ont brillé dans cette Assemblée ; je suis loin de douter de la pureté des intentions de la plupart de ses membres ; mais soit que les talens ne puissent pas suppléer à l'expérience, soit que les circonstances ayent dominé l'Assemblée Constituante, on est forcé de reconnaître que la forme d'administration qu'elle avait établie par des lois spéciales et par la Constitution de 1791, a eu les résultats les plus funestes ; ne pas le dire

---

(a) ceci n'est, plus ~~[illegible]~~ aujourd'hui

hautement serait un ménagement pusillanime et dangereux.

RÉFLEXIONS

SUR

L'ORGANISATION MUNICIPALE

Et sur les Conseils généraux de Département et les Conseils d'Arrondissement.

CHAPITRE PREMIER.

Organisation Municipale avant et depuis la Révolution.

Le pouvoir municipal avait été anéanti sous la seconde race, par les envahissemens successifs des officiers de la couronne et par la consolidation du système féodal qui avait réduit en esclavage une nation généreuse. Gouvernés par une multitude de tyrans qui ne reconnaissaient dans le Roi, un maître que pour la forme, les Français gémissaient sous le joug le plus dur. C'est aux Rois de la troisième race, de cette race vraiment nationale, que le peuple est redevable de toutes ses libertés, depuis l'affranchissement des communes jusqu'à la Charte de Louis XVIII. Par une combinaison des plus heureuses, l'intérêt du Roi et celui du peuple se sont trouvés réunis. Les Rois, dominés par les seigneurs, et les peuples opprimés par eux, ont uni leurs efforts pour se dégager de cette humiliante servitude.

Louis-le-Gros donna le premier exemple. Il affranchit les serfs dépendans du domaine de la couronne; il leur accorda le droit de se réunir, de se gouverner en commun, et d'élire leurs officiers sous le nom de Maires et Échevins. Bientôt, toutes les communes briguèrent à l'envi la jouissance de ces mêmes droits, et nos Rois s'empressèrent d'octroyer successivement, aux villes du Royaume, des Chartes qui fondèrent leurs libertés et en réglèrent l'exercice; ils acquirent, ainsi des sujets fidèles et dévoués qui, devant leur affranchissement à la puissance royale, lui servirent d'appui à leur tour contre les prétentions et l'insubordination des vassaux de la couronne, et contribuèrent à abattre leur puissance et à les soumettre enfin à l'autorité royale.

Les villes, bourgs et communautés d'habitans jouirent, sans interruption, sous l'égide de la puissance royale, du droit d'être gouvernés par des agens de leur choix, jusqu'en l'année 1692, époque d'un changement notable dans leur administration, depuis laquelle une multitude d'édits, tous contradictoires, se sont succédés jusqu'à la révolution.

La forme des élections, avant l'édit de 1692, et celle de l'administration, variaient suivant les usages locaux; il y avait cependant quelques règles générales.

Par ordonnance de Saint Louis, de 1256, l'élection des maires devait être faite le lendemain de la Saint-Simon Saint-Jude. « Les nouveaux maires, les anciens, est-il dit, et quatre prud'hommes, dont deux auront eu l'administration de la ville, pendant l'année, viendront aux octaves de la Saint-Martin, rendre compte de leurs recettes à Paris. »

Une ordonnance, de même date, touchant l'élection des maires, dans les bonnes villes de Normandie, porte que, « le lendemain de la Saint-Simon Saint-Jude, celui qui aura été maire pendant cette année, et les notables de la ville choisiront trois prud'hommes, qu'ils présenteront au Roi, à Paris, aux octaves de la Saint-Martin suivante, dont le Roi en choisira un pour être maire. Tous les ans, le lendemain de la Saint-Simon Saint-Jude, on rendra compte devant ces trois prud'hommes de l'état de la ville. Le maire et ces trois prud'hommes apporteront le compte en la chambre des comptes, aux octaves de la Saint-Martin d'hiver.

Par ordonnance de 1536, de François Ier, il est dit : « ordonnons que, dans les élections qui seront faites des maires et échevins, les baillis président et procèdent à l'institution, selon les statuts et ordonnances des villes et lieux par nous concédés, etc., et par nosdits baillis seront examinés, et clos les comptes des deniers communs et octrois. »

Diverses autres ordonnances confirment les libertés des villes et bourgs.

De Blois, sous Henri III, 1579.

» Nous voulons que toutes élections des prévôts des marchands, maires, échevins, capitouls, jurats, etc., se fassent librement, et que ceux qui, par autres voies, entreront en telles charges, en soient ôtés et leurs noms rayés des registres. »

D'Orléans, sous Charles IX, 1560.

« Et sur les remontrances des députés du tiers-état, avons supprimé les offices des généraux super-intendans, contrôleurs des deniers communs et patrimoniaux ; octrois des villes de notre royaume, et remis l'administration desdits deniers communs aux maires, échevins et conseillers des villes.

« Les comptes desdits deniers patrimoniaux se rendront par devant le bailli ou sénéchal, ou leurs lieutenans, appelés nos avocats ou procureurs, y assistant les maires, échevins, etc., excepté les villes où de tems et ancienneté on a accoutumé de rendre les comptes desdits deniers, pardevant les prévôts des marchands, échevins, etc. ; et quant aux deniers d'octroi, en compteront les receveurs des villes en nos chambres des comptes en la manière accoutumée. »

De Paris, 1629, sous Louis XIII.

« Confirmant l'article 363 des ordonnances de Blois, et y ajoutant, ordonnons que les élections des prévôts des marchands, maires, échevins, etc., et autres charges des villes, seront faites ès-manières accoutumées, sans brigues et monopoles, des personnes plus propres et capables à exercer telles charges pour le bien de notre service, repos et sûreté desdites villes, esquelles ils seront tenus de résider, sans que pour quelque cause que ce soit, lesdites charges se puissent résigner; et afin de maintenir nos sujets avec plus d'ordre et de tranquillité, voulons et ordonnons que les corps et maisons de villes et la manière de leurs assemblées et administration en tout notre royaume soient, autant que faire se pourra, réduites à la forme et manière de notre bonne ville de Paris, ou le plus approchant d'icelle qu'il se pourra, ainsi qu'il a déjà été pratiqué en celles de Lyon, Limoges et autres. »

Enfin, par diverses déclarations de 1622, 1633, 1654, 1690, il fut créé des offices de procureurs du Roi et de greffiers, près de chaque ville et communauté du royaume.

Il est donc évident que jusqu'en 1692, les villes et bourgs du royaume eurent le privilége de concourir à la nomination de leurs officiers municipaux. L'élection était faite par une assemblée de notables. La manière dont ces notables étaient élus, variait suivant les chartes et usages de chaque commune; il en était de même de la forme de l'élection et de l'élection elle-même. Dans quelques lieux, les maires et échevins étaient élus directement; dans d'autres, ils devaient être approuvés par le Roi;

enfin, en Normandie l'élection des maires se faisait par forme de présentation au Roi, de trois sujets désignés par l'assemblée des notables.

Les fonctions des maires et échevins étaient très-importantes, car, outre la régie des intérêts locaux et la police municipale, ils exerçaient dans beaucoup de lieux les fonctions judiciaires au civil et au criminel, ce qui constituait le véritable jugement des pairs. Par l'article 71 de l'ordonnance de Moulins, la justice civile leur fut retirée ; cet article porte : « Les maires, échevins, etc., conservent » l'exercice du criminel et de la police, mais » ne peuvent s'entremettre de la justice civile. »

A mesure que l'autorité royale s'affermit, que des tribunaux ressortissant du Roi furent établis, les justices seigneuriales et communales perdirent une partie de leurs attributions; les corps de ville cessèrent d'être des tribunaux, sauf quelques exceptions; leurs fonctions ne furent plus qu'administratives.

Il me semble utile de remarquer que de quelque liberté qu'aient joui les communes, quelle que fut l'étendue des pouvoirs des corps de ville, ils ont cependant toujours été soumis à la surveillance de l'administration générale du royaume, c'est-à-dire, à l'autorité de nos

Rois qui étaient leurs tuteurs ; et à la protection desquels ils devaient la jouissance de leurs libertés : en effet la bonne ou la mauvaise administration des communes a trop de rapport avec l'administration générale du royaume, elle est d'une trop grande importance pour la prospérité générale de l'Etat, pour qu'elle ait pu être abandonnée aux officiers municipaux, sans aucune surveillance : la puissance royale a dû veiller sans relâche à ce que les corps de ville se renfermassent dans les limites de leurs attributions, à ce qu'ils ne fissent pas des réglemens contraires au bien général de l'État, et n'imposassent pas arbitrairement leurs concitoyens. Leur comptabilité a de tout tems été soumise à des règles établies par les édits et ordonnances de nos Rois. « Nos communes et nos bonnes villes, dit Saint-Louis, dans l'édit de 1256, ne pourront, sans la permission du Roi, prêter à personne ni faire aucun présent, si ce n'est de vin en pots ou en barils. »

« Les deniers de la ville seront mis dans un coffre commun et personne n'en pourra retenir, si ce n'est celui qui fera la dépense qui en pourra avoir jusqu'à vingt livres. »

Aux termes d'autres ordonnances, les comptes

doivent être rendus aux baillis, aux sénéchaux et à la chambre des comptes.

Par-tout, en tout tems, les Rois, en pères de leurs sujets, ont veillé avec attention à ce que les deniers des communes ne fussent pas dilapidés par leurs administrateurs.

Pour mieux assurer cette surveillance, des procureurs du Roi avaient été placés près de l'administration municipale des principales villes; il semblait que ces administrations étaient parvenues à leur point de perfection, lorsque l'édit de 1692 vint intervertir l'ordre établi et priver les communes de leur prérogative la plus précieuse, celle d'élire leurs officiers municipaux.

Par cet édit et ceux de 1702, 1704, il fut créé, 1° un office de maire perpétuel et héréditaire en chaque ville et communauté, à l'exception de Paris et Lyon, avec jouissance des mêmes honneurs, droits, émolumens, priviléges, prérogatives, dont jouissaient les maires électifs;

2°. Un office de lieutenant de maire;

3°. Des offices d'assesseurs.

Les maires avaient entrée et séance aux États des provinces comme députés nés des communautés aux États.

Les lieutenans furent seconds députés.

La moitié des places d'échevins, capitouls, jurats, etc., cessa d'être éligible, ces places appartinrent de droit aux assesseurs perpétuels et héréditaires; ils concoururent en outre, pour l'autre moitié; l'ordonnance de 1704 exige qu'ils y soient nommés au moins une fois.

Les gages de la finance de ces offices étaient payés sur le revenant bon des octrois et deniers patrimoniaux des villes et communautés.

Ainsi, les offices municipaux, d'électifs qu'ils étaient, devinrent vénaux, perpétuels et héréditaires; il est évident que ce fut le besoin d'argent qui fit porter une atteinte aussi funeste aux libertés des communes. L'administration municipale aurait été anéantie en France si ces édits n'eussent pas accordé aux villes la permission d'acquérir les offices et de se conserver ainsi leur ancienne liberté de se choisir des chefs. Mais cette même faculté fut accordée aux seigneurs; à ce moyen, un seul homme put, à prix d'argent, se rendre maître de l'administration d'une commune.

Depuis l'année 1692, la législation ne présente plus qu'une multitude d'édits contradictoires. Suivant le caprice des ministres, la gêne ou l'aisance du trésor, la liberté était rendue ou retirée aux communes; les offices étaient créés ou supprimés de nouveau. On voit, en 1706, une création d'offices, de maires et de lieutenans de maires alternatifs et triennaux, avec défense aux villes et seigneurs de les acquérir, et partage de la députation aux États avec les anciens acquéreurs des offices de maires. En 1707, autorisation aux villes et communautés d'acquérir les nouveaux offices. En 1709, réunion de ces nouveaux offices aux anciens. En 1714, autorisation aux communautés de déposséder et de rembourser les acquéreurs. En 1717, suppression de tous les offices de maires, échevins, etc., et liberté rendue aux villes. En 1722, rétablissement des offices vénaux, de maires, lieutenans de maires, échevins, etc. Le préambule dit naïvement: *la nécessité de pourvoir au paiement exact des arrérages et au remboursement des capitaux des dettes de l'État, nous a obligés, etc.* En 1724, suppression des offices, rétablissement des élections. En 1733, les offices sont de nouveau créés. Ils sont supprimés en 1764 et 1765. Les dispositions de ces deux édits sont remarquables en ce qu'ils contiennent une organisation complète des administrations municipales : ce sont deux météores lumineux, apparaissant au sein du cahos.

L'édit d'août 1764 ne concerne que les villes et bourgs de quatre mille cinq cents âmes et au dessus; il supprime les offices vénaux, décide que les villes et bourgs seront régis et administrés par les maires, échevins, consuls, jurats et autres officiers municipaux, élus par l'assemblée des notables en la forme qui sera réglée par les lettres patentes qui seront expédiées pour chacune desdites villes et bourgs.

L'édit de mai 1765 est une ordonnance de règlement pour l'exécution de l'édit de 1764. Il contient des règles générales applicables à toutes les villes et bourgs de quatre mille cinq cents âmes, auxquels il n'a pas été accordé de charte particulière ; il étend, en outre le bienfait de l'ordonnance de 1764, aux villes et bourgs qui ayant moins de quatre mille cinq cents âmes, ont des officiers municipaux.

Le nombre des officiers municipaux est réglé comme suit :

Villes de quatre mille cinq cents âmes et plus, un maire, quatre échevins, six conseillers de ville.

Deux mille habitans jusqu'à quatre mille

cinq cents, un maire, deux échevins, quatre conseillers.

Moins de deux mille habitans, deux échevins, trois conseillers.

Il y a différentes assemblées.

Des assemblées de maire et échevins ;
de maire, échevins et conseillers ;
de maire, échevins, conseillers et notables.

Le tout, suivant qu'il aura été réglé par l'assemblée des notables.

L'assemblée des notables propose des vues sur le mode d'administration, sur les moyens de liquider et d'acquitter les dettes, sur les appointemens de receveurs et des autres officiers subalternes, le tout, sauf l'approbation du Roi.

Les maires ne peuvent être choisis que parmi ceux qui l'auraient déjà été ou qui auront été ou seraient échevins; ils n'exerceront que pendant trois ans.

L'élection des maires se fera dans une assemblée des notables, présidée par le lieutenant général du baillage, trois sujets seront présentés au Roi.

Les échevins doivent être pris parmi les conseillers, les conseillers parmi les notables.

Les échevins sont quatre ans en exercice, deux sortent tous les deux ans.

Le nombre des notables est réglé suivant la population des villes.

Il est de quatorze notables dans les villes de quatre mille cinq cents âmes; de dix dans celles de deux mille jusqu'à quatre mille cinq cents; et de six dans les villes et bourgs au dessous de deux mille âmes.

Les quatorze notables sont pris, savoir:

Un dans le chapitre;

Un dans l'ordre ecclésiastique;

Un parmi les nobles et officiers militaires;

Un dans le baillage ou sénéchaussée;

Un dans le bureau des finances;

Un dans les autres juridictions réunies;

Deux parmi les commensaux de la maison du Roi, les avocats, médecins et bourgeois vivant noblement;

Un parmi les notaires et procureurs;

Trois parmi les négocians en gros, marchands, chirurgiens et autres exerçant les arts libéraux.

Deux parmi les artisans.

1766. Pour procéder à l'élection des notables, il

ART. 31. sera nommé un député par le chapitre principal du lieu, un par chaque autre chapitre.

séculier, un par l'ordre ecclésiastique, un par les nobles et officiers militaires, un par le baillage, un par chacune des autres juridictions, et un par chacun des autres corps et communautés du lieu.

Ne pourront être élues notables que des personnes âgées au moins de trente ans, domiciliées dans lesdites villes et bourgs depuis dix ans; seront lesdits notables élus pour quatre années, sauf à être continués. 1765. ART. 37.

L'assemblée des notables présente les maires, élit les échevins et les conseillers.

D'après l'édit d'août 1764, le compte des receveurs était divisé en deux parties; la première était le compte général des recettes et des dépenses, qui devait être examiné et arrêté par l'assemblée des notables. Un extrait et l'arrêté devaient être remis au commissaire départi, qui l'envoyait au contrôleur général chargé de faire un rapport au Roi, sur l'état général de l'administration des villes et bourgs.

Ce compte était en outre rendu par les receveurs pardevant les baillages, les sénéchaussées et parlemens, pour être clos, arrêtés et jugés par ces corps.

La seconde partie était le compte des deniers provenant de la recette des octrois, qui, après avoir été examiné par l'assemblée des notables, devait être rendu tous les trois ans, par bref-état, tant aux bureaux des finances, qu'aux chambres des comptes.

Par déclaration du 17 juillet 1766 et par lettres patentes du 15 février 1768, le Roi ordonna que les receveurs des biens patrimoniaux et d'octrois des villes et bourgs, rendraient tous les ans leurs comptes devant les officiers municipaux, et tous les trois ans à la chambre des comptes.

Telles étaient les principales dispositions de ces deux édits; dispositions sages, conformes aux principes qui avaient régi les administrations municipales jusqu'en 1692.

Les communes de France jouirent pendant bien peu de tems du bienfait de ces deux ordonnances; un édit de 1771 rétablit la vénalité et la perpétuité des offices de maires, lieutenans de maires, conseillers, échevins, jurats, capitouls, consuls, assesseurs, etc. Il ne resta de libre que les communes qui eurent assez d'argent pour racheter leurs libertés. C'est dans cet état de servitude que se trouvait l'administration municipale au moment de la révolution.

En réfléchissant sur ces nombreux édits, depuis 1692, qui se succèdent à des intervalles peu éloignés et dont chacun détruit ce que l'autre a créé, instabilité déplorable qui se trouve dans toutes les parties de l'administration du royaume, ne semble-t-il pas qu'un malaise répandu dans tout le corps politique, présageait la crise terrible de la révolution ?

Ce fut presque toujours après la tenue des états-généraux, que les libertés des communes furent confirmées ; malheureusement depuis longtems ils n'étaient plus assemblés. La voix de la nation ne parvenait plus jusqu'au trône, tout était livré à l'arbitraire des ministres et aux nécessités du moment : fallait-il de l'argent, on créait des offices ; n'en avait-on plus besoin, on les supprimait : les libertés des peuples étaient tour-à-tour ou respectées ou mises à l'encan ; enfin l'excès du mal fit chercher un remède que l'on crut efficace, on se ressouvint qu'il avait existé des Etats-Généraux ; mais la nation et ses représentans avaient perdu l'habitude des discussions politiques, ils s'égarèrent de concert en voulant corriger les abus et poser des barrières à l'arbitraire. L'Assemblée Constituante, sous le nom de monarchie, créa une démocratie ; une assemblée unique, le *veto* suspensif, des assemblées municipales et départementales élues par le peuple, des clubs, tel fut son ouvrage. Le trône, resté sans appui, fut ébranlé, il périt, et la nation fût livrée pendant vingt ans aux fureurs des factions, au despotisme populaire et impérial, aux guerres civiles et étrangères. N'est-il pas permis de penser que si les États-Généraux eussent été assemblés à des époques fixes et périodiques, l'habitude de méditer sur les affaires publiques, de discuter avec maturité les intérêts de l'État, eut préservé la nation et le trône de ces affreuses calamités. Qu'ils seraient coupables les hommes qui voudraient aujourd'hui nous ramener à ces tems où l'autorité absolue, vivant au jour le jour, changeant continuellement de plan, faisant et défaisant les lois, se débattait contre les priviléges qui tiraient leur source, soit de l'état des personnes, soit des offices, qu'au détriment du peuple, elle avait vendus dans ses nécessités; ou ceux qui, séduits par des idées exagérées de liberté, tendraient à nous rendre les institutions démocratiques de la constitution de 1791; institutions qui ont perdu le trône et la nation!

On a pu remarquer qu'en général, les édits et ordonnances contiennent une exception à l'égard de la ville de Paris, au moins en ce qui concerne le prévôt des marchands, où il sera nommé, est-il dit, comme par le passé.

On voit dans l'Histoire de Paris, par

Félibien, continuée par Lobineau, que l'origine du pouvoir municipal, à Paris, remonte à la confédération des villes Gauloises et à l'association des *Nautes*, sous les Romains, association continuée depuis sous le nom de la juridiction de la marchandise de l'eau. Il paraît que le corps des marchands de l'eau a toujours exercé une partie du pouvoir municipal, même à l'époque où les priviléges des communes avaient entièrement disparu. Ce corps de marchands fut dépouillé de ses prérogatives par Charles VI en 1382, en punition de la sédition dite des Maillotins; vingt-neuf ans après, en 1411, ce même Roi rétablit ce que l'on appelait alors le parloir aux bourgeois, et rendit à la ville sa juridiction, la propriété de son commerce, ses revenus communs et tous ses priviléges. On consulta tous ceux qui anciennement avaient exercé les fonctions municipales, et après trois ans de recherches, l'ancien droit de la ville fut rétabli par une ordonnance générale, du mois de février 1415.

Le bureau de l'Hôtel-de-Ville était composé du prévôt des marchands et de quatre échevins.

D'un procureur du Roi, un greffier et un receveur.

Les membres du bureau et vingt-six conseillers formaient l'assemblée générale.

Il y avait seize quarteniers, soixante-quatre cinquanteniers, deux cent cinquante-six dizeniers.

L'élection du prévôt des marchands et des échevins ne se faisait ni par distinction d'ordre ou de classe, ni par les corporations ou communautés. Les électeurs étaient nommés par les principaux bourgeois dans chaque quartier, et par une singularité, digne de remarque, le sort y participait de concert avec le suffrage des bourgeois.

Avant le 16 août les quarteniers faisaient élire dans leur quartier, quatre personnes, dont deux devaient avoir voix pour l'élection du prévôt des marchands et des échevins.

Dans une assemblée composée du prévôt, des échevins, conseillers et quarteniers, les noms étaient tirés au sort; on proclamait électeurs les deux premiers sortant, et on les mandait à l'Hôtel-de-Ville, où ils faisaient l'élection de concert avec le prévôt des marchands, les échevins, conseillers de ville et quarteniers; celle des scrutateurs se faisait à haute voix et celle du prévôt des marchands et des échevins, au scrutin et à la pluralité des suffrages; enfin on présentait au Roi le procès-verbal du dépouillement du scrutin, il confirmait la nomination et recevait le serment de ceux qui étaient élus.

Félibien ne fait pas connaître de quelle manière se faisait autrefois la nomination des conseillers de ville, des quarteniers et autres officiers subalternes. Mais on voit, dans un Abrégé de l'Histoire de Paris, publié en 1735, que les places de conseillers de ville s'achetaient, il fallait être parisien de naissance pour les obtenir. Je suppose que cette vénalité datait des édits de 1692 et 1704 dont j'ai parlé; on avait aussi créé alors douze assesseurs perpétuels et héréditaires qui avaient le même droit aux places d'échevins que dans les autres villes.

Quant aux quarteniers et autres officiers subalternes, je suis porté à croire que le bureau de ville les nommait.

Un des premiers actes de la révolution a été de supprimer, dans la nuit du 4 août 1789, les offices municipaux vénaux et héréditaires; l'Assemblée Constituante s'occupa immédiatement d'une nouvelle organisation de l'administration municipale. Une municipalité fut établie dans chaque ville, bourg, paroisse ou communauté d'habitans. Il y eut un maire, des officiers municipaux et des notables élus par tous les citoyens payant la valeur de trois journées de travail de contribution directe; un procureur de la commune élu de la même manière : le maire, les officiers municipaux et les notables formèrent le conseil général de la commune. La municipalité de Paris fut composée du maire, de seize administrateurs, trente-deux conseillers, quatre-vingt-seize notables, un procureur de la commune, deux substituts, en tout, cent quarante-huit personnes. Établissement impolitique qui, mettant une nombreuse assemblée en regard du trône et de l'Assemblée Nationale, eut les suites les plus funestes.

Au dessus de ces administrations entièrement démocratiques, l'Assemblée plaça des administrations de département et de district, élues par le peuple; les procureurs généraux syndics et les procureurs syndics près de ces administrations étaient élus de la même manière.

Au moyen de cette organisation républicaine, le principe du gouvernement monarchique fut entièrement détruit. Le Roi, chef suprême de l'administration du Royaume, et ses ministres responsables, n'eurent pour agens que des hommes qui, ne tenant leur dignité que d'une élection populaire, durent se croire indépendans et furent naturellement plus portés à caresser les passions du peuple qu'à obéir aux ordres du Roi et des ministres. Le pouvoir exécutif n'avait aucun moyen de surveiller les administrateurs populaires, et d'exiger l'observation des lois, puisque les procureurs des communes, les procureurs syndics de districts et les procureurs généraux de département étaient nommés par le peuple : le Roi pouvait, il est vrai, annuler les actes de ces diverses administrations et suspendre les administrateurs ; mais c'était au Corps Législatif seul qu'il appartenait de confirmer ou de lever cette suspension, de dissoudre ces administrations et d'en renvoyer devant les tribunaux criminels les membres qui ne pouvaient être révoqués ni destitués que par suite de forfaiture jugée ; combinaison désastreuse qui, plaçant tout le Gouvernement dans une Chambre élective unique, et dans des administrations populaires, et isolant le pouvoir royal, le laissait sans force, sans considération, sans possibilité de faire exécuter les lois, et rendait cependant les ministres responsables de leur inexécution ; l'anarchie en fut la suite inévitable.

Par une contradiction bien singulière, la constitution républicaine de l'an 3, accorda au Directoire ce que la constitution prétendue monarchique de 1791 avait refusé au Roi. Le

Directoire eut des commissaires à sa nomination, révocables à sa volonté, près des administrations municipales et départementales, et il put en destituer les administrateurs.

Par cette constitution de l'an 3, l'administration des municipalités changea encore une fois de forme, il y eut une municipalité centrale de canton, et chaque commune eut un agent municipal et un adjoint; la réunion des agens municipaux forma la municipalité de canton. Cependant, les communes depuis cinq mille jusqu'à cent mille âmes, conservèrent une municipalité particulière, celles au dessus de cent mille âmes en eurent plusieurs; c'est de cette époque que date la division de Paris en douze municipalités.

La constitution de l'an 8 et le sénatus-consulte du 16 thermidor an 10, rétablirent une administration municipale par commune, composée d'un maire, d'adjoints et d'un conseil municipal; le nombre de ces divers administrateurs est réglé suivant la population des villes. Les maires et adjoints ne sont plus électifs; le chef de l'État, dans les villes de cinq mille âmes et au dessus, les choisit dans les conseils municipaux; il nomme aussi les membres de ces conseils sur une liste double de candidats présentée par les assemblées de canton, qui sont obligées de les choisir parmi les cent plus imposés du canton.

Les préfets nomment, comme bon leur semble, les maires, les adjoints et les conseillers municipaux des communes au dessous de cinq mille âmes.

Enfin, par une nouveauté tout-à-fait contraire aux usages des tems les plus reculés, le maire gouverne seul; les adjoints qui remplacent les échevins ne forment plus avec lui un conseil délibérant sur les intérêts de la commune, ils ne peuvent exercer que les fonctions qu'il leur délègue. J'aurai bientôt l'occasion de prouver combien cet ordre est vicieux.

Tel est le dernier état de l'organisation municipale, c'est celle qui nous régit aujourd'hui. Examinons si elle doit être conservée, cherchons les principes qui doivent nous guider dans cette matière, et qui peuvent servir de base à une bonne organisation des administrations municipales et départementales.

CHAPITRE II.

Administration Municipale.

Il faut d'abord reconnaître que l'administration des communes rurales ne peut pas être dirigée par les mêmes règles que celles des villes et bourgs. On conçoit facilement qu'un village de quatre à huit cents âmes, n'a pas besoin d'une forme d'administration aussi compliquée qu'une ville de cinquante mille âmes. Les besoins sont moins nombreux, les intérêts plus simples, un seul administrateur peut être chargé de les gérer avec l'assistance d'un adjoint et sous l'inspection d'un conseil de notables; ajoutons que ce qui résulte de la nature même des choses, devient indispensable par la difficulté de trouver des agens en état de bien régir ces mêmes intérêts, quelque peu compliqués qu'ils soient. Aussi, en tout tems, il y a eu des différences essentielles entre l'administration des communes rurales et celle des villes. L'Assemblée Constituante, elle-même, qui cherchait à ramener tout à l'égalité, avait décidé positivement que, dans les communes où il n'y aurait que trois agens municipaux, le maire aurait seul l'administration. Or, la plupart des communes rurales étaient dans ce cas. Les ordonnances de 1764 et de 1765, ne concernaient que les villes et bourgs, et il n'y est pas fait mention des communes rurales. La loi du 28 pluviose an 8, et le sénatus-consulte du 16 thermidor an 10, établissent aussi une différence entre les communes de cinq mille âmes et celles au dessous. Nous avons vu que dans les premières, l'assemblée de canton présente les candidats au conseil municipal dont les membres ainsi que les maires et adjoints sont nommés par le chef de l'État; tandis que, dans les secondes, la nomination des maires, adjoints et membres du conseil municipal est déférée aux préfets, sans présentation des membres de ce conseil. Je ne m'occuperai donc que de l'administration municipale des villes et bourgs de deux mille âmes et au dessus; l'organisation des communes rurales me paraissant devoir différer en quelques points, est susceptible de devenir la matière d'un examen particulier et d'une loi spéciale, qui sera plus facile à faire lorsque la loi concernant les grandes communes aura été rendue et exécutée. C'est en agissant avec cette sage lenteur que l'on peut espérer de parvenir à une bonne organisation.

La ville de Paris me paraît aussi, par son importance et par l'influence qu'elle exerce sur le reste de la France, susceptible de recevoir une organisation particulière. En tout tems, les édits et ordonnances rendus sur l'administration municipale font une exception pour la ville de Paris, l'Assemblée Constituante en a reconnu la nécessité.

Toute réunion de citoyens qui ont des intérêts communs à régler, a le droit de nommer un ou plusieurs délégués pour les régir et de se faire rendre compte de cette gestion. Le droit des communes, d'élire leurs officiers municipaux, dérive de ce principe. Elles ont des biens qui appartiennent à la communauté, des intérêts purement locaux qui, importans pour elles, ont peu de connexité avec l'intérêt général de l'État ; elles doivent en outre chercher à maintenir une bonne police parmi les habitans, sous les rapports de la sûreté, de la salubrité, etc. Il a donc paru naturel et juste de leur permettre de se gouverner elles-mêmes, par l'entremise de délégués choisis par les habitans ; l'intervention de l'autorité suprême dans leurs affaires a dû toujours avoir pour but de mieux régler l'exercice de leurs droits, de surveiller les abus et sur-tout de contenir ces administrations populaires dans les bornes de leurs attributions. Si les fonctions des officiers municipaux étaient renfermées dans le cercle des intérêts locaux des communes, il semble qu'il ne serait pas convenable de retirer aux communes le droit d'élection, qui alors n'aurait aucun danger. Mais nous verrons, dans le chapitre des attributions, que les officiers municipaux sont aussi chargés de diverses fonctions qui dépendent de l'administration générale du royaume. Sous ce point de vue, le Gouvernement a le plus grand intérêt à ce que ces officiers soient intègres, capables, attachés au Roi et aux lois. Dès lors je pense que la participation du chef de l'État à leur nomination est indispensable et commandée par des raisons d'une haute politique.

Il y a une distinction essentielle à faire entre les conseils municipaux et les maires et adjoints. Les conseils municipaux n'exercent aucune fonction qui soit du ressort de l'administration générale du royaume. Les affaires soumises à leur délibération sont toutes relatives aux intérêts particuliers des communes, ils délibèrent sur les dépenses de l'administration communale, sur l'emploi des revenus de la commune, sur les impositions locales, les octrois, les emprunts, les aliénations de biens, etc. Leurs délibérations sont soumises à l'homologation, soit du Roi, soit de ses agens; il n'y a donc aucun inconvénient à ce que les membres des conseils municipaux soient nommés directement par les habitans de la commune, puisqu'ils ne prononcent que sur des intérêts qui leur sont particuliers, et que la nécessité de l'homologation de l'autorité supérieure, est un obstacle à tout excès de pouvoir ou abus. Les avantages de cette forme de nomination sont très-grands; rien n'est plus propre à inspirer de la confiance aux citoyens, que l'assurance que leurs intérêts sont confiés à des hommes de leur propre choix, ils deviennent plus disposés à se soumettre avec docilité aux sacrifices que l'on exige d'eux dans l'intérêt de la commune, ils ne répugnent pas à payer des impôts votés par leurs mandataires et dont le bon emploi est placé sous leur surveillance.

Le mode d'élection à adopter pour les maires et adjoints est susceptible de plus de difficultés. Les personnes qui sont plus frappées de la nature de leurs fonctions purement municipales, inclinent pour l'élection directe par les habitans. Ceux qui, au contraire, envisagent plus spécialement celles de leurs attributions qui ressortent de l'administration générale, croient qu'ils doivent être nommés par le Roi. On appuie même avec force ce sentiment sur l'article 14 de la Charte, qui porte que « Le Roi » nomme à tous les emplois de l'administra» tion publique. »

Loin de moi l'idée de donner à l'autorité royale des agens qui puissent penser que la source de leur pouvoir ne vient pas d'elle ! Cependant je ne crois pas que l'article 14 de la Charte, soit applicable dans toute sa rigueur aux charges de maires et adjoints, et qu'il soit utile que leur nomination soit exclusivement réservée au Roi, sans limites ni conditions; car, ce serait donner cette nomination aux ministres ou plutôt aux préfets. En pareille matière, lorsqu'il s'agit de la nomination d'une multitude de fonctionnaires disséminés sur toute la surface du royaume et inconnus de l'administration centrale, le Roi ne peut voir que par les yeux des ministres, et les ministres par ceux des préfets ; il en résulterait donc que l'administration municipale ne serait composée que des créatures d'un préfet qui, dans des vues particulières ou de parti, pourrait abuser de ce pouvoir.

En réfléchissant sur la nature des fonctions des maires et adjoints, on trouve qu'elles sont mixtes ; ils régissent d'une part les intérêts purement locaux de la commune, de l'autre part ils exercent au nom du Roi, des pouvoirs qui sont une délégation de son autorité. Le Roi et les habitans de la commune doivent donc participer à leur nomination. Ce principe n'a pas même été méconnu sous le gouvernement impérial, le chef de l'État était tenu de choisir les maires et adjoints dans le conseil municipal, à la formation duquel le peuple avait participé. Je sais bien que cette règle n'a pas toujours été observée, qu'elle ne l'est pas même aujourd'hui; mais de ce que la loi a été violée, il n'en résulte pas qu'elle ne dût point exister. Convenons cependant que dans bien des cas, il a été impossible d'exécuter cette loi; il était naturel, il était sage de composer les conseils municipaux d'hommes qui, ayant acquis de l'expérience dans l'exercice des fonctions administratives, pussent d'autant mieux délibérer sur les intérêts de la commune et surveiller la gestion des administrateurs en exercice; dès lors il est arrivé que les places dans ces conseils, se sont trouvées remplies par des anciens officiers municipaux, ou par des juges et d'autres fonctionnaires dont les occupations étaient incompatibles avec celles de maire ou d'adjoint. Dans cette position embarrassante, l'autorité a choisi ces magistrats hors du conseil municipal, ou bien, par un respect illusoire pour la loi, on a fait entrer dans ce conseil la personne sur laquelle on avait jeté les yeux, et le lendemain on l'a nommée à la place de maire ou d'adjoint. Cela se faisait d'autant plus facilement, que la liste des candidats présentés par les assemblées de canton n'était pas complétée à chaque vacance.

Je crois que l'on éviterait tout embarras et que l'on prendrait une mesure conforme aux anciens principes, aux intérêts des habitans et au maintien de l'autorité royale, si on donnait le droit de présentation aux conseils municipaux et la nomination au Roi. Les conseils présenteraient trois sujets pour la place de maire, et une liste de candidats en nombre double, pour celles d'adjoints ou d'échevins. Nous avons vu que cette forme avait été adoptée par Saint Louis, pour les bonnes villes de Normandie, en ce qui regarde les maires; je ne doute pas qu'elle ne s'observât dans beaucoup d'autres communes; les ordonnances de 1764 et 1765 l'étendirent à toute la France. Je propose donc une forme d'élection consacrée par nos anciennes lois, dans les tems où les communes ont joui de leur liberté.

Le conseil de la commune me parait tout-à-fait propre à exercer les fonctions électorales en cette matière ; il remplace l'assemblée des notables qui était le corps électoral des anciennes communes, ses membres élus par le peuple peuvent, sans inconvénient, recevoir à la fois le mandat de présenter les officiers municipaux et de délibérer sur les affaires de la commune ; les anciens notables réunissaient ces deux sortes de fonctions. On éviterait ainsi les inconvéniens des élections faites par la multitude, et on se rapprocherait des dispositions des anciennes chartes des communes, avantage inappréciable selon moi, en ce que ces chartes avaient été rédigées entièrement dans l'intérêt du peuple et accordées sur la proposition des communes elles-mêmes. Cette observation me conduit à parler d'un vice que j'ai déjà fait remarquer dans l'organisation municipale actuelle.

Nous avons vu que, dans les diverses variations de l'administration des communes, le maire, les échevins ou officiers municipaux formaient un conseil délibérant en commun sur toutes les affaires qui n'étaient pas réservées au conseil des notables dont les attributions étaient à peu-près les mêmes que celles des conseils municipaux actuels. Il y avait même, suivant les ordonnances de 1764 et 1765, trois conseils différens : conseils des maires et échevins; conseil des maires, échevins et conseillers de ville; conseil des maires, échevins, conseillers de ville et notables. Et d'après l'organisation de l'Assemblée Constituante, il y avait un bureau exécutif, formé par le maire et le tiers des officiers municipaux; un conseil composé du bureau et des officiers municipaux; et le conseil général, composé du maire, des officiers municipaux et des notables. Dans aucun cas, le maire n'agissait par l'effet de sa volonté propre et indépendante. Les affaires étaient soumises au corps municipal composé des maires et échevins ou officiers municipaux. En cas de partage, le maire avait la voix prépondérante.

Par la loi du 28 pluviose an 8, le nom d'adjoint fut substitué à celui d'échevin et d'officier municipal; ce ne fut pas sans intention que l'on fit ce changement qui, au premier aperçu, pouvait paraître indifférent. Un arrêté des Consuls, du 2 pluviose an 9, porte :

ART. 7.

« Le maire sera seul chargé de l'administra-

» tion, il aura seulement la faculté d'assembler » ses adjoints, de les consulter, lorsqu'il le ju- » gera à propos, et de leur déléguer une partie » de ses fonctions. »

Ainsi, par un simple arrêté des Consuls, la forme de l'administration municipale fut changée; les maires en devinrent seuls les maîtres, et les adjoints leur furent pour ainsi dire soumis. Les communes n'eurent plus aucune garantie contre les malversations possibles et les effets de la négligence d'un administrateur qui les gouvernait seul. Il est résulté de ce nouveau mode des effets désastreux, les dettes de plusieurs communes n'ont pas d'autre source que la négligence de ces administrateurs ou l'impossibilité où ils se sont trouvés par la multiplicité de leurs occupations de surveiller attentivement les agens subalternes. Heureusement, et je me plais à rendre cette justice à ces fonctionnaires, d'autant plus respectables, que leurs fonctions sont gratuites, la plupart ont rempli leur charge avec un zèle, une intégrité qui, en général, ont empêché le mal que ce mode d'administration aurait pu produire.

Dans une ville populeuse, un maire ne peut exercer toutes les fonctions qui lui sont attribuées. Il les partage entre ses adjoints. Alors, chaque adjoint agit dans sa partie comme s'il était maire, et, faute d'un centre commun où se rapportent les affaires, chacun ignore ce que fait son collègue, et ne connaît de l'administration que la partie qui lui est déléguée.

Rien de plus vicieux, rien ne prête plus à l'arbitraire qu'une administration ainsi conduite; elle manque de plan et d'ensemble. Dans les tems ordinaires, les maires dont le devoir est de se réserver la partie la plus essentielle de l'administration, exercent probablement, avec quelque satisfaction, un pouvoir sans partage; mais arrive-t-il quelques circonstances extraordinaires, la plénitude de leur pouvoir et la responsabilité personnelle qui en est la suite, les effraient quelquefois; alors, ils daignent consulter leurs adjoints, mais ceux-ci se gardent bien de se charger d'une responsabilité dont ils sont exempts; d'ailleurs, ils ne peuvent donner que des conseils, et le maire, obligé de se déterminer seul, ne peut pas imprimer à ses mesures le caractère et la force d'une délibération prise par tout le corps municipal.

Je pourrais ajouter d'autres observations, mais je crois que j'en ai dit assez pour prouver que cette forme d'administration est vicieuse dans les communes d'une certaine étendue, et que ce sera rendre un service essentiel aux villes, que de leur redonner l'ancien mode qui a pour lui l'expérience de plusieurs siècles. Il faut, en un mot, une administration toute paternelle, qui, par la solidarité des administrateurs, présente aux citoyens une garantie suffisante de la bonne gestion de leurs intérêts, et dans laquelle les affaires divisées entre les divers administrateurs, reçoivent une direction commune du conseil qu'ils forment entr'eux.

Je prie de remarquer que je n'entends parler ici que des fonctions propres au pouvoir municipal, c'est-à-dire, qui n'ont de rapport qu'à des intérêts locaux. Il est essentiel, pour bien s'entendre, de les distinguer des fonctions qui sont une délégation de l'administration générale de l'État. Il en est, parmi ces dernières, qui ne peuvent être exercées que par un seul administrateur. Il semble superflu de dire que le Roi a le droit incontestable de les confier à qui bon lui semble.

CHAPITRE III.

Administration départementale.

L'administration des provinces ou départemens, diffère de l'administration municipale. Les départemens n'ont pas en général, comme les communes, des biens à gérer, des intérêts communs à défendre. L'emploi fait, avec réserve, des formes républicaines dans l'administration des communes, présente de grands avantages sans aucun danger, parce qu'elles sont appliquées à une multitude de communautés dont le Gouvernement est le seul lien commun, et qui, par leur extrême division, n'ont aucun moyen de se coaliser entr'elles contre lui : il ne s'agit d'ailleurs que de la gestion d'intérêts locaux. Ces mêmes formes républicaines ne pourraient pas, sans compromettre l'existence de l'État, être admises dans l'administration départementale. Cette administration tient, par des rapports intimes, au gouvernement du royaume ; elle en découle directement, et ne peut en être détachée sans constituer les provinces en États fédératifs.

Sous le pouvoir absolu, lorsque les Députés de la Nation ne participaient pas à la confection des lois et au vote de l'impôt, quelques provinces privilégiées ont pu avoir des États particuliers; elles jouissaient de l'avantage, ou plutôt de l'image d'un gouvernement représentatif: les autres provinces en étaient privées. Mais depuis que la Nation est constituée et représentée dans les deux Chambres, le privilége de quelques provinces a été confondu dans le privilége général. C'est dans les deux Chambres que les actes des ministres sont contrôlés, que les libertés nationales sont défendues, que les impôts sont votés; et, lorsque du sein des débats, du choc de toutes les opinions, la loi est sortie, lorsqu'elle est sanctionnée et publiée, son exécution doit être pleine et entière: il faut que des ministres responsables, chargés de cette exécution, ne trouvent par-tout que des agens soumis et dociles dont l'autorité n'émane que de la puissance royale, et dont la désobéissance puisse être punie à l'instant. Créer des administrations provinciales élues par le peuple, serait retomber dans l'anarchie démocratique que j'ai déjà reprochée à l'Assemblée Constituante; ce serait mettre quatre-vingt-six États provinciaux en regard du Roi et des deux Chambres qui sont les États généraux de la France : l'unité qui fait notre force serait détruite. Au Roi seul appartient donc la nomination et la révocation des administrateurs sous quelque nom qu'on les désigne, préfet, intendant, ou commissaire départi.

Cependant, il est dans l'intérêt réuni du Roi et du peuple que les provinces soient bien administrées ; que le pouvoir des préfets soit modéré et contenu dans de justes bornes. Le Gouvernement doit chercher à être instruit des véritables intérêts des départemens, des vices qui peuvent s'introduire dans leur administration. A qui peut-il mieux s'adresser qu'aux principaux habitans, sur-tout à ceux qui, par leur position, ont pu méditer sur les intérêts de l'agriculture, du commerce et de l'industrie !

Les renseignemens donnés par un préfet peuvent être inexacts ; il est possible que plus d'un motif lui fasse dissimuler la vérité ; mais cette vérité toute entière doit sortir d'un conseil composé de propriétaires et de commerçans indépendans, et forts de leur amour du bien public. Ce sont ces considérations qui me paraissent avoir conduit à l'établissement des conseils généraux de département et des conseils d'arrondissement ; conseils dont l'idée première est due à la création des assemblées provinciales, qu'il faut bien se garder de confondre avec les États qui existaient dans quelques provinces.

Les conseils généraux de département sont une réunion de citoyens que le Gouvernement consulte, et à laquelle il délègue quelques fonctions dépendantes de l'administration générale du royaume, telles que la répartition des contributions directes entre les arrondissemens, cantons et communes; l'examen des comptes des préfets, etc. La nomination des membres de ces conseils me paraît appartenir de droit au Roi, chef suprême de l'administration. Mais le choix est difficile; il faut connaître et distinguer les hommes qui, par leurs connaissances, leurs talens, sont aptes à remplir, dans l'intérêt du Prince et des sujets, les fonctions qu'il s'agit de leur confier. Si les préfets sont consultés seuls, on court le risque d'avoir des conseils remplis de leurs amis, et on ne connaîtra que l'opinion des préfets, ou même d'un parti s'ils ont cherché à le servir: il me serait facile d'appuyer cette assertion sur des exemples. Puisque les conseils sont chargés de faire connaître au Gouvernement les besoins des départemens, de signaler les abus, de répartir les contributions, les principaux habitans peuvent seuls indiquer les hommes revêtus de leur confiance, et capables de porter aux pieds du trône l'expression de leurs vœux. Le mode de présentation au Roi par liste double est donc le seul convenable ; il garantit à la fois la prérogative de la couronne, la bonté des choix, et l'intérêt des citoyens. Ce mode devient même indispensable si on considère les conseils généraux sous un rapport qui fait, en quelque sorte, exception au principe général que nous avons posé. L'établissement de ces conseils a conduit à leur donner le pouvoir de prendre, sauf l'approbation du Roi, des mesures qui sont d'un intérêt local pour les départemens. Ainsi ils ont le droit d'autoriser quelques travaux publics, de faire les fonds nécessaires à ces dépenses par des impositions extraordinaires et locales qu'ils votent. Sous ce point de vue, l'intervention des habitans dans leur nomination me paraît absolument nécessaire ; car rien ne serait plus contraire aux principes constitutionnels, que de faire supporter par une réunion de citoyens des impôts qui n'auraient pas été votés par des hommes au choix desquels ils auraient concouru. Mais il me semble que cette intervention ne doit être exercée que par forme de présentation, afin que les membres des conseils n'oublient jamais qu'elle est la source de leur pouvoir, et que leurs principales fonctions sont une délégation de l'autorité royale.

Nous verrons plus tard que l'Assemblée Constituante elle-même avait considéré les fonctions des conseils sous le même rapport que je le fais.

CHAPITRE IV.

Attributions et Organisation des Administrations Municipales, des Conseils généraux de Département et des conseils d'Arrondissement.

Autrefois, comme aujourd'hui, les conseils des notables, qui portent à présent le nom de conseils municipaux, délibéraient sur les affaires de la communauté, ce sont les expressions de l'ordonnance de 1764, ils débattaient les comptes des receveurs des communes. Les pensions, gratifications, aliénations, emprunts, acquisitions nouvelles, etc., étaient dans le ressort de leurs délibérations, soumises suivant les différens cas, à l'approbation du Roi ou à celle du contrôleur général et de l'intendant.

La loi d'organisation de l'administration municipale, faite par l'Assemblée Constituante, est du mois de décembre 1789.

L'article 49 du titre Ier, porte :

« Tous les comptes de la régie du maire et » des administrateurs, après avoir été reçus

» par le conseil municipal, et vérifiés tous les » six mois par le conseil général, seront définitivement arrêtés par l'administration ou le » directoire du département. »

Les autres attributions du conseil général de la commune étaient de délibérer :

Sur les acquisitions ou aliénations d'immeubles, les impositions extraordinaires pour dépenses locales;

Les emprunts;

Les travaux à entreprendre;

L'emploi du prix des ventes, des remboursemens ou des recouvremens;

Les procès à intenter ou à soutenir;

Les délibérations du conseil général ne pouvaient être exécutées qu'avec l'approbation de l'administration ou du directoire du département.

Enfin, d'après les dispositions de la loi du 28 pluviose an 8, le conseil municipal

Entend et débat le compte des recettes et dépenses municipales;

Règle le partage des affouages, pâtures, récoltes et fruits communs, la répartition des travaux nécessaires à l'entretien et aux réparations des propriétés qui sont à la charge des habitans ;

Il délibère sur les besoins particuliers et locaux de la municipalité, sur les emprunts, sur les octrois ou contributions en centimes additionnels, qui peuvent être nécessaires pour subvenir à ces besoins, sur les procès qu'il conviendra d'intenter et de soutenir pour l'exercice et la conservation des droits communs.

Il résulte évidemment de la comparaison des dispositions des anciennes ordonnances et des lois nouvelles, que les délibérations des conseils municipaux sont toutes relatives à des intérêts locaux ; c'est cette considération qui m'a fait penser que non seulement il n'y a aucun inconvénient à ce que les membres en soient nommés directement par les habitans, mais que rien n'est plus convenable et plus juste.

L'Assemblée Constituante a distingué avec soin les fonctions des maires et officiers municipaux qui sont propres au pouvoir municipal, et celles qui sont propres à l'administration générale de l'État et déléguées par elle aux municipalités. Cette distinction se trouve comprise dans les articles 49, 50 et 51 du titre Ier. de la loi de décembre 1789. Je crois utile de rapporter le texte des articles 50 et 51.

ART. 50.

« Les fonctions propres au pouvoir munici-
» pal, sous la surveillance des assemblées ad-
» ministratives, sont :

» De régir les biens et revenus communs des
» villes, bourgs, paroisses et communautés ;

» De régler et d'acquitter celles des dépenses
» locales qui doivent être payées des deniers
» communs ;

» De diriger et faire exécuter les travaux pu-
» blics qui sont à la charge de la communauté ;

» D'administrer les établissemens qui appar-
» tiennent à la commune, qui sont entretenus
» de ses deniers ou qui sont particulièrement
» destinés à l'usage des citoyens dont elle est
» composée ; faire jouir les habitans des avan-
» tages d'une bonne police, notamment de la
» propreté, de la salubrité, de la sûreté et de la
» tranquillité dans les rues, lieux et édifices
» publics.

ART. 51.

» Les fonctions propres à l'administration gé-
» nérale, qui peuvent être déléguées aux corps
» municipaux pour les exercer sous l'autorité
» des assemblées administratives, sont :

» La répartition des contributions directes » entre les citoyens dont la communauté est » composée ;

» La perception de ces contributions ;

» Le versement de ces contributions dans les » caisses du district ou du département ;

» La direction immédiate des travaux pu- » blics dans le ressort de la municipalité ;

» La régie immédiate des établissemens pu- » blics destinés à l'utilité générale ;

» La surveillance et l'agence nécessaires à la » conservation des propriétés publiques ;

» L'inspection directe des travaux de répa- » ration ou de reconstruction des églises, pres- » bytères et autres objets relatifs au service du » culte religieux. »

Les corps municipaux avaient le droit de requérir le secours de la force armée, tant pour l'exercice des fonctions qui leur sont propres, que de celles qui leur étaient déléguées.

Des lois particulières, et différens actes des Gouvernemens qui ont régi la France, ont attribué aux administrateurs municipaux, diverses fonctions relatives à la police, et leur en ont retiré d'autres relatives à la répartition et au recouvrement des impôts, qui ont été données à des administrations spéciales ; la même observation s'applique aux attributions des administrations de département, de district ou d'arrondissement dont nous allons nous occuper.

L'Assemblée Constituante avait divisé les fonctions des assemblées administratives en deux classes.

Section III de la loi de janvier 1790.

ARTICLE PREMIER.

» Les administrations de département seront chargées, sous l'inspection du Corps Législatif et en vertu de ses décrets :

» 1°. De répartir toutes les contributions directes imposées à chaque département. Cette répartition sera faite par les administrations de département entre les districts de leur ressort, et par les administrations de district entre les municipalités ;

2°. D'ordonner et de faire faire, suivant les formes qui seront établies, les rôles d'assiette et de cotisation entre les contribuables de chaque municipalité ;

3°. De régler et de surveiller tout ce qui concerne tant la perception et le versement du produit de ces contributions, que le service et les fonctions des agens qui en seront chargés ;

4°. D'ordonner et de faire exécuter le paiement des dépenses qui seront assignées en chaque département, sur le produit des mêmes contributions.

ART. 2.

Les administrations de département seront encore chargées, sous l'autorité et l'inspection du Roi, comme chef suprême de la nation et de l'administration générale du royaume, de toutes les parties de cette administration, notamment de celles qui sont relatives :

1°. Au soulagement des pauvres et à la police des mendians et vagabonds ;

2°. A l'inspection et à l'amélioration du régime des hôpitaux, hôtels-dieu, établissemens et ateliers de charité, prisons, maisons d'arrêt et de correction ;

3°. A la surveillance de l'éducation publique et de l'enseignement politique et moral ;

4°. A la manutention et à l'emploi des fonds destinés en chaque département à l'encouragement de l'agriculture, de l'industrie, et à toute espèce de bienfaisance publique ;

5°. A la conservation des propriétés publiques ;

6°. A celle des forêts, rivières, chemins et autres choses communes ;

7°. A la direction et confection des travaux pour la confection des routes, canaux et autres ouvrages publics, autorisés dans le département;

8°. A l'entretien, réparation et reconstruction des églises, presbytères et autres objets nécessaires au service du culte religieux;

9°. Au maintien de la salubrité, de la sûreté et de la tranquillité publique;

10°. Enfin, au service et à l'emploi des milices ou gardes nationales, ainsi qu'il sera réglé par des décrets particuliers par nous sanctionnés ou acceptés.

ART. 3.

Les administrations de district ne participeront à toutes ces fonctions, dans le ressort de chaque district, que sous l'autorité interposée des administrations de département.

ART. 5.

Les délibérations des assemblées administratives de département, sur tous les objets qui intéresseront le régime de l'administration générale du royaume, ou sur des entreprises nouvelles et des travaux extraordinaires, ne pourront être exécutées qu'après avoir reçu notre approbation (1). Quant à l'exécution des affaires particulières et de tout ce qui s'exécute en vertu de délibérations déjà approuvées, notre autorisation spéciale ne sera pas nécessaire.

ART. 28, IIe SECTION.

Les administrations et les directoires de districts, seront entièrement subordonnés aux administrations et directoires de département.

Ces diverses dispositions furent complétées par la constitution de 1791, chapitre IV, section 2.

Voici les principaux articles qui ont trait à la matière qui nous occupe :

ART. 5.

Le Roi a le droit d'annuler les actes des administrations de département, contraires aux lois et aux ordres qu'il leur aura adressés.

Il peut, dans le cas d'une désobéissance persévérante, ou s'ils compromettent, par leurs actes, la sûreté ou la tranquillité publique, les suspendre de leurs fonctions.

ART. 6.

Le même droit est accordé aux administra-

(1) L'autorisation du Roi.

teurs du département à l'égard des sous-administrateurs de district, à la charge d'en instruire le Roi, qui pourra lever ou confirmer la suspension.

ART. 7.

Le Roi peut annuler les actes des sous-administrateurs ou les suspendre dans les mêmes cas.

ART. 8.

Toutes les fois que le Roi aura prononcé ou confirmé la suspension des administrateurs ou sous-administrateurs, il en instruira le Corps Législatif.

Celui-ci pourra ou lever la suspension ou la confirmer ou même dissoudre l'administration coupable, et s'il y a lieu, renvoyer tous les administrateurs, ou quelques-uns d'eux aux tribunaux criminels, ou porter contr'eux le décret d'accusation.

J'ai extrait, avec quelqu'étendue, plusieurs dispositions des lois rendues par l'Assemblée Constituante, parce qu'elles ont servi de base aux règles qui ont été établies depuis par les divers gouvernemens, au moins en ce qui concerne les attributions; car on ne tarda pas à reconnaître le vice d'institutions qui parurent trop démocratiques, même pour une république. Ainsi, la constitution de l'an 3, la loi du 21 fructidor an 3, celle du 28 pluviose an 8 et le sénatus-consulte du 16 thermidor an 10, en conservant les attributions des corps administratifs, changèrent successivement leur organisation, leur mode de nomination et les rendirent plus subordonnés et plus dépendans. Pour mieux suivre ces variations, je crois convenable au risque de me répéter, de m'arrêter un moment et d'examiner en résumé l'organisation de l'Assemblée Constituante.

Elle consistait en municipalités composées d'un maire, d'officiers municipaux et d'un conseil général de notables. Tous ces fonctionnaires étaient élus par le peuple.

Le procureur du Roi fut remplacé par un procureur de la commune, nommé par le peuple.

Les assemblées administratives de département et de district étaient divisées en conseils et en directoires; il y avait des procureurs syndics, tous les membres de l'assemblée générale et les procureurs syndics étaient nommés par le peuple, ceux des directoires l'étaient par l'assemblée générale.

La session du conseil de département était d'un mois chaque année, celle du conseil de district de quinze jours.

Les directoires étaient chargés de l'administration et de l'exécution des délibérations de ces conseils.

Les procureurs syndics avaient séance aux assemblées générales, sans voix délibérative; et aux directoires avec voix consultative; ils étaient chargés de la suite de toutes les affaires.

Les corps municipaux étaient subordonnés aux administrations de départemens et de district, les directoires de district à ceux de départemens, et ces derniers au Roi; les délibérations des conseils généraux des communes ne pouvaient être exécutées qu'avec l'approbation du conseil de département, qui était aussi exigée pour les délibérations des conseils de district; enfin les délibérations des conseils de département ne pouvaient être exécutées qu'avec l'approbation du Roi. Telle était la hiérarchie administrative; elle paraît bien combinée; mais elle devint illusoire par les dispositions de la constitution de 1791. Nous avons vu, il est vrai, que le Roi avait le droit d'annuler les actes des corps administratifs, de suspendre les administrateurs de leurs fonctions; mais le Corps Législatif seul pouvait confirmer cette suspension et mettre les administrateurs en jugement. Ne devient-il pas évident, comme je l'ai déjà dit, que le Roi, chargé de l'exécution des lois et de l'administration générale du royaume, était dépouillé de tout le pouvoir nécessaire pour administrer, et qu'en fait, les pouvoirs législatifs et exécutifs étaient dans les mains d'une assemblée unique que le Roi ne pouvait pas dissoudre, et d'administrateurs populaires qui dépendaient beaucoup plus d'elle que de l'autorité royale, réduite, à vrai dire, à la nullité la plus complète. La monarchie n'existait plus que de nom, elle était à la merci de la première faction qui parviendrait à dominer l'Assemblée Nationale.

La constitution républicaine de l'an 3, ne changea rien aux attributions des corps administratifs ; mais elle supprima les conseils généraux des communes et ceux des départemens, ainsi que les conseils et directoires de district.

Il y eut une administration centrale de département, une administration municipale par canton, ou par ville de cinq mille âmes et au dessus, trois dans celles de cent mille âmes, et douze à Paris. Les administrations centrales du département furent composées de cinq membres, les administrations municipales dans les villes depuis cinq mille âmes jusqu'à cent mille, le furent de cinq à neuf membres. Je n'ai pas besoin de répéter que dans une constitution républicaine, tous ces fonctionnaires étaient nommés par le peuple ; mais j'ai déjà fait observer que, par un retour aux vrais principes, les procureurs des communes et les procureurs syndics furent remplacés par des commissaires du Directoire Exécutif nommés et révocables par lui ; le Directoire eut aussi le droit de suspendre et de destituer les administrateurs.

Remarquons en passant que les fonctions des administrateurs centraux de département et des commissaires du Directoire, n'étaient pas gratuites.

Les administrateurs recevaient un traitement de mille à quinze cents myriagrammes de froment, équivalant à deux et trois cents quintaux, qui, au prix moyen de 12 fr., font de 2,400 à 3,600 francs. Les commissaires du Gouvernement avaient un tiers en sus de 3,200 à 4,800 fr. Le traitement des commissaires du Directoire près les administrations municipales variait, suivant la population, depuis quatre cents myriagrammes de froment jusqu'à mille.

Après l'établissement de la constitution de

l'an 8 et du consulat, une nouvelle organisation des administrations départementales et municipales fut faite en vertu de la loi du 28 pluviose an 8 et du sénatus-consulte du 16 thermidor, an 10. Les administrations municipales de canton furent supprimées et l'administration de district sous le nom d'arrondissement, reparut de nouveau.

Il y eut une municipalité par commune et un conseil municipal.

Un sous-préfet par arrondissement et un conseil d'arrondissement.

Un préfet par département, un conseil de préfecture et un conseil général de département.

C'est l'organisation qui existe aujourd'hui, elle est un alliage des institutions de l'ancien régime et de celles de l'Assemblée Constituante; elle diffère de ces dernières par la création du conseil de préfecture, le rétablissement des intendans et subdélégués sous le nom de préfets et de sous-préfets et par la nomination de tous les fonctionnaires qui était dévolue au chef de l'État ou aux préfets.

A cette époque, comme en l'an 3, les attributions des corps administratifs restèrent les mêmes que celles fixées par l'Assemblée Constituante. Une nouvelle division en fut seulement faite d'après le nouvel ordre établi.

Les articles 2, 8 et 12 de la loi du 28 pluviose an 8, portent que les préfets rempliront les fonctions exercées par les administrations et commissaires de département; les sous-préfets celles exercées par les administrations municipales et les commissaires de canton, à la réserve de celles qui sont attribuées aux conseils d'arrondissement et aux municipalités; enfin les maires et adjoints, les fonctions administratives exercées par l'agent municipal et l'adjoint, et relativement à la police et à l'état civil, celles exercées par les administrations municipales de canton, les agens municipaux et adjoints.

J'ai donné plus haut le détail des attributions des conseils municipaux. Je ne rapporterai donc ici que le texte des articles de la loi du 28 pluviose an 8, qui sont relatifs au conseils généraux de département, aux conseils d'arrondissement et aux conseils de préfecture.

ART. 10.

Conseil d'arrondissement.

Le conseil d'arrondissement s'assemblera

chaque année. L'époque de sa réunion sera déterminée par le Gouvernement, la durée de sa session ne pourra excéder quinze jours.

Il nommera un de ses membres pour président et un autre pour secrétaire.

Il fera la répartition des contributions directes entre les villes, bourgs et villages de l'arrondissement.

Il donnera son avis motivé sur les demandes en décharge, qui seront formées par les villes, bourgs et villages.

(1) Il entendra le compte annuel que le sous-préfet rendra de l'emploi des centimes additionnels destinés aux dépenses de l'arrondissement.

Il exprimera une opinion sur l'état et les besoins de l'arrondissement et l'adressera au préfet.

ART. 6.

Conseil général de Département.

Le conseil général de département s'assemblera chaque année, l'époque de sa réunion

(1) On ne rend plus ce compte, il a été réuni au compte général qui est rendu au conseil général de département.

sera déterminée par le Gouvernement, la durée de sa session ne pourra excéder quinze jours.

Il nommera un de ses membres pour président, un autre pour secrétaire.

Il fera la répartition des contributions directes entre les arrondissemens communaux du département.

Il statuera sur les demandes en réduction faites par les conseils d'arrondissement, les villes, bourgs et villages.

Il déterminera, dans les limites fixées par la loi le nombre de centimes additionnels, dont l'imposition sera demandée pour les dépenses du département.

Il entendra le compte annuel que le préfet rendra de l'emploi des centimes additionnels qui auront été destinés à ces dépenses.

Il exprimera son opinion sur l'état et les besoins du département et l'adressera au ministre de l'intérieur.

ART. 4.

Conseil de Préfecture.

Le conseil de préfecture prononcera :

Sur les demandes de particuliers, tendant

à obtenir la décharge ou la réduction de leur cote de contribution directe ;

Sur les difficultés qui pourraient s'élever entre les entrepreneurs de travaux publics et l'administration concernant le sens ou l'exécution des clauses de leur marché ;

Sur les réclamations des particuliers qui se plaindront de torts et dommages procédant du fait personnel des entrepreneurs et non du fait de l'administration ;

Sur les demandes et contestations concernant les indemnités dues aux particuliers, à raison des terrains pris ou fouillés, pour la confection des chemins, canaux et autres ouvrages publics ;

Sur les difficultés qui pourront s'élever en matière de grande voierie ;

Sur les demandes qui seront présentées par les communautés des villes, bourgs et villages pour être autorisées à plaider.

Enfin sur le contentieux des domaines nationaux.

ART. 5.

Lorsque le préfet assistera au conseil de préfecture, il présidera ; en cas de partage, il aura voix prépondérante.

Telle est l'organisation actuelle de notre administration, et telles sont les attributions des divers corps. Il me semble que c'est une chose bonne en elle-même, que, des préfets et sous-préfets nommés par le Roi, administrant les départemens sous les ordres de ministres responsables; un conseil de préfecture prononçant sur les demandes en décharge ou dégrevement de contribution, et des conseils composés d'hommes indépendans, modérant le pouvoir de ces fonctionnaires, répartissant les contributions entre les arrondissemens et les communes, examinant les comptes des préfets et ayant le droit d'émettre leur opinion sur l'état et les besoins de leur département. Rien de plus monarchique que la dépendance où les préfets se trouvent à l'égard du pouvoir exécutif, rien de plus paternel que l'établissement des conseils d'arrondissement et de département. Il ne faut pour rendre ce mode d'administration parfait, que le ramener au principe de son institution méconnue par son propre créateur, laisser une liberté entière à l'action des divers conseils dans le cercle de leurs attributions, augmenter ces attributions, faire participer les habitans à la nomination des membres des conseils, et réformer ce qu'a de vicieux un système de centralisation poussé à la plus extrême exagération ; enfin rétablir l'administration communale collective, en ce qui regarde les fonctions propres au pouvoir municipal.

J'ai déjà fait connaître mon avis sur ce dernier article, et sur le mode de nomination des maires, adjoints ou échevins, et des membres des conseils d'arrondissement et de département. Quant à l'augmentation des attributions de ces corps, il me semble que deux principes doivent diriger en cette matière. L'intervention des conseils est nécessaire ou utile toutes les fois qu'il s'agit, 1°, d'un intérêt purement local et d'une dépense à faire sur des recettes provenant d'impositions locales ou particulières à un département, arrondissement ou commune; 2°, lorsqu'il est de l'intérêt de l'administration générale, pour prévenir les abus, de faire examiner soit une matière importante, soit des comptes par ces conseils; ainsi, il me paraîtrait avantageux que l'abonnement des préfectures, pour les frais de bureau, fût regardé comme un *maximum*, et que le compte de la dépense fût mis sous les yeux des conseils généraux, cette seule mesure ferait disparaître bien des abus. On pourrait aussi faire communiquer à ces conseils, l'état des dégrevemens en contributions directes, et de l'emploi du fonds de non valeur ; on éviterait par là certains dégrevemens qui s'accordent chaque année aux mêmes personnes, et qui équivalent à une exemption d'impositions.

Le système de centralisation contre lequel il s'est élevé tant et de si vives réclamations, n'est pas si nouveau que l'on paraît le croire. Les intendans dépendaient exclusivement de l'administration générale du royaume, et nous avons vu que les délibérations des conseils des notables des communes étaient soumises à l'approbation du Roi, tuteur né des communautés municipales. Cependant, dans plusieurs villes, les corps municipaux agissaient librement par eux-mêmes dans beaucoup de cas. L'origine de la centralisation absolue me paraît dater de l'Assemblée Constituante. Cette Assemblée, en créant des administrations purement populaires et anti-monarchiques, les subordonna les unes aux autres, en se réservant la suprématie. Tous les actes des corps inférieurs eurent besoin de la confirmation des administrations supérieures ; ce mode fut maintenu sous le Directoire, qui eut d'ailleurs une autorité entière sur les administrations locales.

Mais c'est dans la constitution de l'an 8 que le principe de la centralisation se trouve formellement énoncé par l'art. 59 qui porte que « *les administrations locales établies soit pour chaque arrondissement communal, soit pour des portions plus étendues du territoire sont subordonnées aux ministres.* »

On conçoit tout le parti que, dans un Gouvernement devenu absolu, les ministres ont pu tirer de cet article. Sous un despote qui voulait tout faire par lui-même et qui entrait dans les détails les plus minutieux, les ministres, réduits au rôle de simples rapporteurs et de premiers commis, ont cherché à remplacer sur les administrations locales l'influence qu'ils avaient perdue dans le gouvernement de l'État; bientôt les affaires les plus simples n'ont pu être décidées, les réparations les plus minimes n'ont pu être faites qu'avec l'approbation des ministres. Il n'est, pour ainsi dire, personne qui ne puisse citer quelqu'édifice tombé en ruine pendant le tems qu'on sollicitait la permission de le réparer. Je ne m'étendrai pas sur les inconvéniens graves qui sont résultés de ce système destructif de toute amélioration, un de ses grands vices est d'occasionner une double perte de tems aux ministres et aux administrés. Le ministère sentira-t-il qu'il est de son intérêt d'y renoncer? Je l'espère. En effet, dans un gouvernement représentatif où des ministres responsables gouvernent sous l'autorité du Roi, où ils sont appelés à discuter les lois et les grands intérêts de l'État dans les Chambres, n'est-ce pas une calamité que le tems qu'ils emploient à donner laborieusement des signatures superflues; tandis que leur esprit devrait sans cesse méditer sur les affaires du Gouvernement? Je conçois qu'un changement dans la manière d'administrer présente des difficultés, et que le choix des matières qu'il convient de laisser aux administrations locales est délicat, parce que ces administrations ne peuvent pas être abandonnées à elles-mêmes sans de graves inconvéniens. La surveillance du Gouvernement est nécessaire, j'en conviens; mais au lieu de vouloir l'exercer de Paris par lui-même, en toutes choses, sans qu'il lui soit possible d'en juger avec une véritable connaissance, ne peut-il pas abandonner cette surveillance à ses agens dans les départemens? Ne pourrait-il pas tirer un parti avantageux des conseils de préfecture?

Ainsi, en rétablissant dans les villes l'administration collective des maires et échevins pour les fonctions propres au pouvoir municipal, on pourrait sans danger leur laisser une latitude entière sous la surveillance du conseil municipal, lorsqu'ils ne feraient qu'exécuter des délibérations de ce conseil, revêtues de l'approbation de l'autorité supérieure. Quant aux fonctions qui sont une délégation de l'administration du royaume, j'ai déjà dit qu'il appartenait au Roi de les confier à sa volonté, soit au maire seul, soit à l'administration entière sous la surveillance des préfets et sous-préfets.

Les délibérations des conseils municipaux, suivant leur importance, seraient soumises à l'homologation royale ou à celle du ministre ou du préfet, ou même du conseil de préfecture.

Une imposition locale et une dépense pour la réparation d'un édifice ou d'un chemin qui n'excéderaient pas une somme déterminée, pourraient être autorisées par le préfet.

Les lois ou décrets sur la comptabilité des communes ont besoin d'être revisés ; il convient de dégager cette comptabilité de toutes formalités superflues. Je ne sais si l'on exécute encore le décret du 27 février 1811, qui oblige de remettre tous les mois au ministre du trésor un état de situation, et qui autorise ce même ministre à faire verser chez les receveurs généraux ou particuliers les sommes qu'il jugera excéder les besoins des communes ; ce serait une vexation à faire cesser sans délai. C'était autrefois au bureau municipal que l'état mensuel se remettait par le receveur ; quant aux excédans de la recette sur la dépense, il appartient aux conseils municipaux seuls d'en proposer l'emploi.

Les budgets des villes ayant plus de 20,000 fr. de revenu, au lieu d'être envoyés au ministre, seraient examinés et approuvés par les conseils de préfecture, qui sont plus à portée de connaître les besoins des villes et la nécessité des dépenses que les bureaux de Paris.

Les comptes des receveurs municipaux de ces mêmes villes ne peuvent-ils pas être apurés et arrêtés définitivement par les conseils de préfecture, ainsi que cela se pratique pour les comptes des receveurs des hôpitaux, depuis l'ordonnance du Roi, du 21 mars 1816 ?

Dans tous ces cas il y aurait recours au Roi et aux ministres, de la part des communes, lorsqu'elles croiraient avoir à se plaindre de la décision des autorités locales.

Quelques personnes penseront peut-être,

qu'il conviendrait de donner aux conseils généraux l'attribution d'examiner et d'approuver les projets de budget des villes. Je ne puis être de cet avis, parce que ce serait détourner ces conseils de leurs importantes occupations; ils n'auraient pas le tems de se livrer à un examen approfondi. Ce serait d'ailleurs leur donner dans l'administration du département une part incompatible avec leurs attributions, on ne pourrait le faire qu'en créant des commissions intermédiaires semblables à celles qui existaient dans les assemblées provinciales. Cette institution m'avait séduit d'abord et j'avais eu l'idée de la proposer; mais en y réfléchissant j'ai pensé qu'il n'était pas convenable de placer auprès de l'administration centrale du département un corps qui en romprait l'unité. Je crois qu'il convient mieux de se servir des conseils de préfecture, en augmentant leurs attributions. Les commissions intermédiaires remplissaient diverses fonctions qui sont aujourd'hui attribuées aux préfets, aux directeurs des contributions et aux conseils de préfecture, et rien, à mon sens, ne serait plus facile que de charger ces derniers conseils de l'exécution des délibérations des conseils généraux dans tout ce qui a rapport à des travaux d'utilité départementale.

Quelques personnes vont plus loin, car elles inclinent à donner à des commissions intermédiaires l'administration des départemens. Si elles entendent que les membres en soient nommés par le peuple, c'est nous proposer de retomber dans l'erreur de l'Assemblée Constituante. Heureusement l'art. 14 de la Charte s'y oppose. *Tous les fonctionnaires de l'administration publique sont à la nomination du Roi.* Ce point est donc hors de toute discussion ; alors la question se réduirait à avoir cinq administrateurs au lieu d'un, on tomberait dans les inconvéniens de l'administration collective, beaucoup plus lente dans l'exécution, et dont les membres sont trop souvent divisés d'opinion, d'intentions et d'intérêts. Il s'en faut de beaucoup que cette forme d'administration soit la plus économique, il ne serait pas difficile de prouver que c'est elle qui a créé l'immense bureaucratie qui nous dévore.

C'est une illucion dont il faut se garantir que celle qui tend à faire croire que l'on trouvera facilement des hommes disposés à s'adonner gratuitement aux soins si multipliés et si pénibles de l'administration. Ce n'est pas chose facile que de décider des propriétaires à abandonner le séjour de la campagne et la régie de leurs propriétés, pour se fixer dans les villes; des négocians à quitter leurs affaires. On conçoit que dans l'intérêt d'un parti quelques hommes se dévoueront pour assurer le succès de ce parti; mais dans les tems ordinaires les citoyens qui sont les plus capables et qui présentent le plus de garanties, chercheront à se soustraire à une charge pénible, et il deviendra presque impossible de composer ces administrations d'une manière convenable. Ce que je dis est fondé sur l'expérience. On voit tous les jours combien on a de peine à trouver des hommes qui veuillent se dévouer à courir la carrière des administrations gratuites, telles que les administrations municipales, les tribunaux de commerce et les commissions administratives des hospices; combien des gens répugnent à sortir de leurs occupations habituelles pour s'occuper des affaires publiques; on trouve très-commode de profiter des avantages d'une administration paternelle et gratuite sans en supporter la charge, qu'on laisse toute entière à un petit nombre d'hommes qui se sacrifient pour les autres. Dans l'ancien régime les charges municipales étaient obligatoires. L'art. 41 de l'ordonnance de 1765 porte qu'*aucuns habitans des villes et bourgs ne pourront refuser les places auxquelles ils auront été élus, sous prétexte de priviléges attachés à des charges ou offices dont ils seraient revêtus. Voulons que toutes contestations qui naîtraient à ce sujet, ainsi que sur ce qui concerne l'exécution de notre édit du mois d'août dernier et du présent, soient portées devant nos juges ordinaires des lieux, ou, s'il n'en a pas, devant ceux des seigneurs ressortissans nuement en nos cours, et par appel immédiatement à la grand'chambre de nos cours de parlement, pour être jugées dans la forme prescrite par l'art.* XLVII *de notre édit du mois d'août dernier.*

En effet, lorsque des administrations gratuites ont été établies dans l'intérêt commun pour gérer les affaires d'une communauté, il est juste que chaque citoyen soit tenu d'en remplir la charge, toutes les fois qu'il ne l'a pas encore fait, et que les suffrages de ses concitoyens l'y appellent. Je ne serais pas étonné qu'une proposition de ce genre ne fût repoussée, parce que nous voulons toujours juger les hommes, d'après la perfectibilité que leur prête notre imagination, mais ils n'en restent pas moins les mêmes, et l'égoïsme se rit de toutes nos vaines théories. Je suis persuadé que l'on sera obligé, tôt ou tard, d'en revenir à rendre obligatoires les charges municipales et gratuites, comme cela existe déjà pour le juri; mais ce serait donner trop d'extension à cette obligation que de l'appliquer à l'administration générale de l'État, dont celle des départemens est une délégation immédiate. Il serait donc nécessaire d'accorder une indemnité aux membres des commissions intermédiaires, quels que fussent leurs attributions, et un traitement s'ils remplaçaient entièrement les préfets. Cela est si vrai que, dans les anciennes administrations provinciales du Berry et de Haute-Guienne, les membres des commissions intermédiaires, ainsi que les syndics, recevaient une indemnité; ils pouvaient même être choisis hors du sein de l'assemblée.

Nous avons aussi remarqué que les administrateurs centraux, sous le directoire, avaient un traitement. Or, si on exigeait des administrateurs collectifs des départemens, qu'ils remplissent leurs fonctions avec assiduité, en abandonnant tout autre genre d'occupation, il faudrait nécessairement que leur traitement fût assez élevé pour les dédommager de ce sacrifice, alors il n'en résulterait aucune économie; que si au contraire, on ne leur donnait qu'une simple indemnité, ils partageraient leur tems entre les affaires publiques et leurs affaires particulières, l'administration languirait et serait à coup sûr livrée aux commis, c'est-à-dire, à cette bureaucratie contre laquelle on se récrie tant. L'exécution des lois et la prompte expédition des affaires me paraissent plus assurées avec un seul administrateur, assisté d'un conseil qui modère son pouvoir dans les choses où il est utile de le faire; c'est ce que nous trouvons dans l'institution des préfets et des conseils de préfecture, nous ferons bien de nous y tenir en augmentant les attributions des conseils de préfecture et en les maintenant à un nombre de membres convenable, au lieu de les affaiblir, comme on l'a fait dernièrement par la plus chétive des économies : donnez de l'importance aux conseils de préfecture, on aspirera à en devenir membre et ils seront composés de propriétaires honorables et éclairés ; faites plus, choisissez-en les membres dans le conseil général lorsque vous en aurez la possibilité; vous y trouverez l'avantage de former un lieu utile entre ces deux corps et d'employer des hommes honorés du suffrage de leurs concitoyens.

Je prévois que l'on me fera une objection. Eh quoi ! peut-on me dire, vous demandez que l'administration municipale soit collective, et vous repoussez ce genre d'administration quand il s'agit des départemens. C'est une contradiction manifeste. Elle demande une explication.

Nous avons vu que les fonctions de maires et adjoints sont divisées en attributions déléguées par l'administration générale du royaume et en fonctions propres au pouvoir municipal, qui n'ont de rapport qu'à la gestion des intérêts purement locaux de la communauté. C'est pour ces dernières fonctions seules que je demande que les maires et adjoints délibèrent en bureau municipal. L'administration collective est excellente lorsqu'il s'agit de gérer des intérêts peu compliqués et rapprochés des administrateurs. C'est le cas où se trouvent les corps municipaux et les commissions administratives des hospices. Mais toutes les fois qu'il est question de l'administration générale de l'Etat, je crois qu'en fait d'exécution un administrateur unique et responsable est préférable. D'ailleurs les fonctions municipales sont et doivent rester gratuites; or, il est de l'essence de toute administration gratuite d'être collective ; les hommes également recommandables, qui sont appelés à diriger ces administrations, apportent naturellement dans l'exercice de leurs fonctions, une indépendance personnelle qui ne permet pas de les assujétir à la même subordination que des fonctionnaires salariés.

CHAPITRE V.

Election ou nomination des Maires et Echevins, des Membres des Conseils municipaux, des Conseils d'Arrondissement et des Conseils Généraux de Département; conditions d'Eligibilité.

Le mode d'élection ou de nomination des administrations locales est, si je puis m'exprimer ainsi, la pierre angulaire de l'édifice; en effet, en vain aurions-nous décidé que les conseils municipaux seront élus directement par les habitans des villes; en vain aurions-nous assigné la part de ces mêmes habitans à la nomination des maires et échevins, celle des habitans des arrondissemens à la nomination des membres des conseils d'arrondissement et de département; en vain aurions-nous réglé les attributions de ces divers corps, si nous confiions les élections à des hommes peu en état de juger du mérite des concurrens, susceptibles d'agir aveuglément sous l'inspiration de l'esprit de parti, nous n'aurions rien fait de solide, notre édifice s'écroulerait de toutes parts.

L'admission au droit de remplir les fonctions d'électeurs n'est pas un privilége donné à une classe de citoyens ; c'est une fonction déléguée par la communauté des habitans, dans l'intérêt de tous, à ceux d'entr'eux qui sont en état de la remplir et qui présentent le plus de garanties par leurs lumières et par l'intérêt qu'ils ont au maintien de l'ordre.

Ainsi un âge assez mûr pour apprécier l'importance des fonctions que l'on va remplir, un domicile acquis par un certain laps de tems et le paiement d'une somme d'impositions, sont des conditions qu'on exige en général pour être admis à voter ; elles attestent que, soit par des propriétés, soit par une profession industrielle, l'électeur a un intérêt positif et personnel à ce que la communauté soit bien gouvernée, à ce que l'ordre public ne soit point troublé.

Il est difficile de savoir de quelle manière se faisaient autrefois les élections, et quelles conditions étaient exigées des habitans qui y participaient. Pour parvenir à cette connaissance, il faudrait compulser les chartes des diverses villes. Cependant, les ordonnances de 1764 et de 1765 peuvent servir de guide en cette matière, parce qu'elles ont posé des règles générales qui, sans doute, étaient un choix fait parmi celles qui s'observaient en différens lieux; mais ces règles elles-mêmes furent modifiées par des ordonnances particulières portant règlement pour différentes villes, conformément à l'édit de 1764; les règles établies par l'ordonnance de 1765 n'étaient applicables qu'aux communes qui n'avaient pas de chartes particulières.

Nous avons déjà vu qu'un corps électoral peu nombreux, choisi parmi les corps, corporations et communautés, élisait des notables aux nombres de quatorze, de dix ou de six.

L'assemblée des notables, composée des maire, échevins, conseillers de ville et des notables élus, nommait les conseillers de ville et les échevins, et présentait le maire.

Il paraît que les diverses classes de citoyens, clergé, noblesse, corporations et communautés se réunissaient en particulier pour élire leurs électeurs. Cependant, dans les communes au dessous de deux mille âmes, les habitans étaient réunis par quartiers, sans distinction de corporations et de communautés, et dans les grandes villes où les communautés étaient trop nombreuses, on ne les réunissait pas, on se contentait d'appeler par quartier un certain nombre de principaux habitans. Ainsi, à Rouen, où l'administration municipale fut organisée de nouveau par lettres-patentes du 15 juin 1767, le bureau et le conseil de ville désignaient dans chaque quartier vingt-cinq notables habitans pour élire les vingt-huit électeurs réservés à la nomination des corps et communautés. Il paraît, au surplus, que quelle que fût la forme de l'élection, il suffisait d'être membre d'une corporation ou communauté pour être apte à y participer.

L'Assemblée Constituante donna le droit d'élection à tous les citoyens actifs payant une imposition directe de la valeur de trois journées de travail. Sous l'empire de la constitution de l'an 3, tout homme payant une contribution directe, foncière et personnelle, eut le droit de voter dans une assemblée primaire; mais pour être membre des assemblées électorales qui nommaient les administrations centrales de département, il fallut réunir les conditions suivantes :

« Dans les communes au dessus de six mille habitans, celle d'être propriétaire ou usufruitier d'un bien évalué à un revenu égal à la valeur locale de deux cents journées de travail, ou d'être locataire, soit d'une habitation évaluée à un revenu égal à la valeur de cent cinquante journées de travail, soit d'un bien rural évalué à deux cents journées de travail.

» Dans les communes au dessous de six mille habitans, celle d'être propriétaire ou usufruitier d'un bien évalué à un revenu égal à la valeur locale de cent cinquante journées de travail, ou d'être locataire, soit d'une habitation évaluée à un revenu égal à la valeur de cent journées de travail, soit d'un bien rural évalué cent journées de travail.

» Et dans les campagnes, celle d'être propriétaire ou usufruitier d'un bien évalué à un revenu égal à la valeur locale de cent cinquante journées de travail, ou d'être fermier ou métayer de biens évalués à la valeur de deux cents journées de travail.

» A l'égard de ceux qui étaient en même tems propriétaires ou usufruitiers, d'une part, et locataires, fermiers ou métayers de l'autre, leurs facultés, à ces divers titres, étaient cumulées jusqu'au taux nécessaire pour établir leur éligibilité. »

La constitution de l'an 8 et le sénatus-consulte du 16 thermidor an 10, admettent aux assemblées de canton tous citoyens domiciliés dans le canton qui se sont fait inscrire sur le registre civique, sans autre condition. On sait que cette constitution avait ordonné la formation par voie d'élection, de listes communales, départementales et nationales : les fonctionnaires de l'arrondissement devaient être pris dans la liste communale ; ceux du département dans la liste départementale ; enfin, les fonctions publiques nationales dans la dernière liste. Un autre système succéda bientôt à celui des listes ; l'assemblée de canton présenta deux citoyens pris parmi les cent plus imposés du canton pour chaque place de membre au conseil municipal des communes de cinq mille âmes et au dessus : elle nomma les membres des colléges électoraux d'arrondissement sans condition d'impositions, et ceux des colléges électoraux de département qu'elle fut tenue de choisir dans une liste des six cents plus imposés du département.

L'assemblée électorale d'arrondissement présentait deux citoyens domiciliés dans l'arrondissement pour chaque place vacante au conseil d'arrondissement. Le collége de département présentait deux citoyens domiciliés dans le département pour chaque place vacante au conseil général de département. Il n'entre pas dans mon sujet de m'occuper de la participation de ces colléges à la nomination des membres du Tribunat, du Corps-Législatif et du Sénat. Je fais seulement observer que la loi des élections a depuis pourvu à la nomination des membres de la Chambre des Députés, mais que les anciens colléges d'arrondissement et de département n'existant plus, et que le sénatus-consulte du 16 thermidor an 10 étant tombé en désuétude, il en résulte qu'aucune loi ne règle la nomination des membres des conseils municipaux, de ceux des conseils d'arrondissement et de département, et que le Gouvernement, en les nommant à son gré, s'est mis à la place des électeurs; c'est ce qui a fait dire à M. de Villèle : « Vos conseils municipaux, choisis par des hommes étrangers à la commune, » imposent à ceux qui la composent des charges » qui doublent quelquefois leur cote contributive. Vos intérêts d'arrondissement et de département sont confiés à des conseils dont la » composition n'a été dirigée ni par les dispositions de la vieille loi qui n'ont pas été suivies, » ni par celles de la nouvelle qui est encore à » faire. »

C'est cette loi qui nous manque dont il est instant de s'occuper. Examinons quel est le mode d'élection auquel il convient de donner la préférence, et quelles conditions les citoyens devront remplir pour avoir le droit de voter et d'être éligibles.

La forme d'élection en usage dans l'ancien régime ne peut plus s'adapter à nos nouvelles institutions. Elle était fondée sur des distinctions de classes qui ont disparu, et sur l'existence de communautés et de corporations dont nous sommes heureusement débarassés. Je conçois que le mode de voter par corporation pourrait séduire quelques personnes, en ce qu'il rendrait la division des électeurs plus facile; mais je ne crois pas que cet avantage mérite d'être acheté par le rétablissement des corporations. Ces petites communautés sont plutôt un moyen de désordre que d'ordre; les réglemens et les conditions d'admission qui en sont la suite nécessaire, empêchent les progrès de l'industrie; c'est un monopole accordé à quelques commerçans au détriment du reste des habitans; elles ont toujours été en France une source de haines, de divisions entre les citoyens, et de résistances aux projets d'amélioration les plus utiles. Ce ne sont pas les corporations qu'il faut rétablir, ce sont les associations libres dont le principe a été si bien développé par M. de la Borde, qu'il convient d'encourager, parce que les associations libres unissent les citoyens entr'eux dans un but utile sans nuire à personne. Je reviens à mon sujet.

Je ne suppose pas que qui que ce soit veuille de la démocratie de l'Assemblée Constituante qui, au moyen des citoyens actifs à 3 fr. d'impositions, appelait dans les assemblées primaires une multitude ignorante et facile à égarer. On voudra encore moins du mode de la constitution de l'an 3 et de celle de l'an 8, dont l'une n'exigeait que le paiement d'une contribution quelconque, et l'autre n'en exigeait point. Nous trouvons cependant dans la constitution de l'an 3, faite sur des principes beaucoup plus sages que ceux de la constitution de 1791, un système de conditions pour être électeur au second degré qui mérite quelqu'attention, en ce qu'il pourrait être appliqué au premier degré.

Nous avons à choisir entre :

Le paiement d'une somme de contributions directes, fixe pour toute la France, ou variée suivant la population des communes;

Le système de la constitution de l'an 3, dont je viens de parler;

Le système des plus imposés.

Le plus grand inconvénient d'un *cens* fixe, est que sous l'apparence de l'égalité, il cache une inégalité réelle. En effet, la richesse représentée par une somme d'argent, est relative à la valeur des diverses denrées dans un pays. Un royaume aussi étendu que la France est naturellement divisé en provinces plus ou moins fertiles, à une distance inégale des lieux de grande consommation et dont les débouchés sont plus ou moins faciles ; la somme des capitaux circulant y est diverse. Il en résulte, qu'un Français, qui paye, je suppose, 200 fr. d'imposition foncière représentant 1,000 fr. de revenu, jouit d'une aisance incomparablement plus grande dans une province où les denrées sont à bas prix, que celui qui habite celles où, par toutes les causes qui influent sur la consommation, ces mêmes denrées sont à des prix plus élevés : Alors si, par supposition, vous fixez la somme de contribution à 200 francs, il n'y a plus de parité relative, et tel propriétaire ne payant que 100 francs d'imposition aurait présenté par sa position comparative dans son département, une garantie plus forte à la société, un intérêt plus réel à la bonne administration de sa commune, que celui qui paye 200 francs dans un autre département. On ne remédie qu'imparfaitement à cet inconvénient par une fixation en journées de travail. Le prix du travail varie tellement dans un même lieu, suivant le genre des professions et par tant de circonstances, que les administrations chargées d'en fixer la valeur, prennent pour base le travail qui se paye le moins cher; alors, les différences entre les divers départemens deviennent si légères, que sous l'Assemblée Constituante, la journée de travail fut fixée presque par-tout à un franc. On y remédie encore moins en faisant une différence entre les grandes et les petites villes; car, une commune de six mille âmes se rencontre aussi bien dans un département riche que dans un département pauvre.

L'inégalité qu'un *cens* fixe en argent établit entre les propriétaires des divers départemens, a pu être négligée par la Charte, sans de graves inconvéniens, mais ces inconvéniens deviennent trop manifestes et trop réels, lorsqu'il s'agit de régler un droit d'élection applicable à chaque commune en particulier. Si le *cens* est élevé, il arrivera peut-être que dans une commune il n'y aura que peu ou même pas d'électeurs; s'il est faible, alors dans d'autres communes, on livre les élections à la multitude. Ce cas est embarrassant : je crois, cependant, qu'il est nécessaire de prendre le paiement d'une contribution pour base, avec une modification qui puisse s'approprier aux diverses localités, à moins que l'on ne préfère d'adopter le système établi par la constitution de l'an 3, pour les électeurs de département, et dont le principe pourrait être admis pour les électeurs communaux.

Ce système substitue à la condition de payer une somme déterminée d'impositions, celle d'être propriétaire ou d'être locataire d'un bien évalué à un revenu de la valeur locale d'un nombre déterminé de journées de travail.

Son avantage est d'avoir une base plus fixe que la condition tirée des impositions qui varient suivant que les besoins de l'État forcent de les augmenter ou permettent de les diminuer ; variation inévitable qui rend précaire l'aptitude à remplir les fonctions d'électeur.

En admettant au droit d'élection, les locataires, on a évidemment voulu y faire concourir les habitans qui se livrent au commerce et aux arts industriels, ce qui est de toute justice, puisque dans les villes ils ont le même intérêt que les propriétaires à la bonne administration de la communauté dont ils supportent également les charges. La loi des patentes n'existait pas alors, elle ne date que de l'an 7.

J'avoue que je préfère la condition de propriété ou de location à celle d'une somme d'im position, parce qu'elle repose, ainsi que je viens de le dire, sur une base plus stable; les changemens dans le revenu des biens ne devant résulter que de circonstances beaucoup plus lentes à produire leur effet que la variation des impôts qui peut avoir lieu d'année en année: l'évaluation des propriétés serait celle des matrices des rôles de la contribution foncière; dès lors, rien ne serait plus facile à constater que la qualité d'électeur. Je pense, au surplus, que ce genre de condition devra être, de toute manière, adopté, lorsqu'on s'occupera de l'organisation des communes rurales; c'est le moyen de donner aux fermiers l'intervention qui leur appartient dans les affaires de ces communes. Mais il y a un vice dans le système de la constitution de l'an 3, qu'il sera nécessaire de corriger. La condition de location est moindre que celle qui résulte de la propriété; l'inverse est ce qu'il faut adopter. Je passe à l'examen du troisième mode; celui des plus imposés.

Il date du sénatus-consulte du 16 thermidor an 10, il se prête facilement à la différence de position des contribuables sur toute la surface de la France, puisqu'en décidant que, selon la population des lieux, tel nombre des plus imposés exercera les fonctions d'électeur, il s'en suit que par-tout les Français qui se trouvent dans une position semblable, relativement à la richesse et au prix des denrées de la commune qu'ils habitent, exerceront le même droit d'électeur; mais pour atteindre ce but, il faut que le nombre des électeurs soit assez resserré pour que, dans les pays pauvres, on n'appelle pas des habitans peu en état de remplir les fonctions d'électeurs, et dès lors on serait exposé à éloigner, dans les communes riches, d'autres hommes qu'il ne serait pas convenable de priver de l'exercice de ces fonctions : il arriverait même que des Français, ayant le droit de voter dans les colléges électoraux pour la nomination des députés, ne participeraient pas à l'élection des membres de leur conseil municipal. Rien, d'ailleurs, de plus difficile à constater que le droit d'être inscrit sur la liste des plus imposés, et de persuader aux mécontens qu'ils se plaignent à tort. On sait avec quelle légèreté et quelle partialité les listes des plus imposés furent faites sous le dernier Gouvernement; ce souvenir inspirerait de la méfiance. Je pense donc que ce mode, quels que soient les avantages qu'il présente, ne peut être adopté que comme supplément des conditions tirées des impositions ou de la propriété.

Le vice commun à ces deux genres de conditions est de partir d'une règle tellement fixe qu'elle ne se prête pas à la différence de richesse que représente une même somme d'argent dans les différentes communes de la France. C'est dans ce sens qu'il convient de recourir au mode des plus imposés; ainsi en établissant un *cens* en impositions directes, ou bien une condition de propriété ou de location, on peut arrêter que, lorsque les électeurs ne s'éleveront pas à un nombre déterminé, suivant la population des communes, ils seront portés au complet par une liste supplémentaire des plus imposés, qui sera faite par le corps municipal. On pourrait, en adoptant ma proposition, fixer la condition d'imposition ou de revenu à un taux plus élevé qu'il ne serait possible de le faire dans les autres cas, à cause des communes pauvres. Je ne verrais pas d'inconvénient à exiger le paiement d'une imposition de 150 fr. pour les villes et bourgs.

Dans l'hypothèse où l'on préférerait la condition qui repose sur le revenu des propriétés, d'après l'évaluation du rôle des impositions, ce revenu pourrait être fixé à 600 fr. pour être électeur communal.

Quelle que soit la condition exigée des électeurs et des éligibles, les biens devront être situés ou les impositions payées dans la commune dans laquelle on exercera les fonctions électorales ou municipales.

Il ne s'agit pas ici du droit général relatif à l'élection des députés des départemens, chargés de délibérer sur les intérêts de toute la nation; il n'est question que de concourir à l'élection des membres de conseils qui ne délibèrent que sur des intérêts locaux. Les conseils municipaux, surveillent la gestion des biens de la communauté, ils votent des impositions locales, il faut donc que ceux qui en élisent les membres, et que ces membres eux-mêmes, aient un intérêt direct à ce que la communauté soit bien administrée; le plus réel de tous c'est de participer à ses charges; on doit donc distinguer le droit général des Français relatif à la Chambre des Députés, qui est réglé par des lois générales, et le droit communal qui se détermine par des règles locales.

On suivrait les mêmes erremens pour les électeurs de l'arrondissement, en exigeant soit le paiement d'une contribution plus forte, soit un revenu plus élevé. Les fonctions de ces électeurs seraient de présenter une liste double de candidats pour chaque membre du conseil d'arrondissement, et pour chaque membre du conseil général de département, qui, d'après une répartition faite en raison de la population, devrait être pris parmi les habitans de l'arrondissement.

Les conditions d'éligibilité pour les maires et échevins, et pour les membres des conseils peuvent être un *cens* plus fort, un nombre d'années de domicile plus considérable, et un âge plus mûr que pour être électeur. Il serait convenable d'exiger qu'un maire eût rempli les fonctions d'échevin, et que l'on ne devînt échevin qu'après avoir été membre du conseil municipal. Ces dernières conditions étaient requises par les ordonnances de 1764 et 1765 ; l'âge exigé était de trente ans, et le domicile de dix ans.

CHAPITRE VI.

Conclusion.

Je ne me suis attaché qu'aux points principaux de l'organisation municipale et départementale ; il reste à examiner beaucoup de questions secondaires, telles que la durée des fonctions des maires et échevins et des membres des différens conseils, leur renouvellement partiel ou intégral etc. Lorsqu'on sera d'accord sur les premières bases, il sera facile de s'entendre sur le reste. Les ordonnances de 1764 et de 1765, ainsi que les lois de l'Assemblée Constituante fourniront des renseignemens précieux.

D'après les lois existantes, les maires et adjoints sont cinq ans en place, les conseils municipaux se renouvellent par moitié tous les dix ans, les conseils d'arrondissement et de département par tiers tous les cinq ans ; d'où il résulte que la durée des fonctions des membres de ces derniers conseils est de quinze ans, et que celle des conseillers municipaux est de vingt ans. Il est convenable d'abréger ce tems ; mais je ne pense pas que le renouvellement doive être intégral, parce qu'il importe de conserver la tradition des affaires dans des corps qui délibèrent sur des matières d'administration; il ne faut pas non plus fatiguer le zèle des citoyens par des élections trop répétées qui les dérangent et les découragent. D'après ces considérations, il me semble que les divers conseils pourraient être renouvelés tous les cinq ans par moitié. Le tems de l'exercice des maires et échevins serait de quatre ans. La moitié des échevins sortirait tous les deux ans, comme cela se faisait autrefois.

Il résulte, selon moi, de la comparaison que nous avons faite des anciennes et des nouvelles lois, que le fonds de notre organisation actuelle peut être conservé; qu'il suffira de perfectionner cette organisation, en laissant une action plus libre aux corps municipaux et aux conseils d'arrondissement et de département, en faisant concourir les habitans à la nomination de leurs membres, en profitant de l'institution de ces conseils et de ceux de préfecture, pour limiter le pouvoir des préfets; enfin, en modifiant le système par trop exagéré de la centralisation.

Au milieu de la variation des ordonnances

et des lois sur l'administration municipale, quelques principes fondamentaux sont restés intacts, même dans le tems de la vénalité des charges, au moyen de la faculté laissée aux villes d'acheter ces charges.

Ces principes étaient à l'égard des communes.

Le concours des habitans à la nomination de leurs officiers municipaux;

L'administration collective par les maires et échevins; le droit des communes de gérer leurs affaires, de s'imposer elles-mêmes et de débattre les comptes de leurs receveurs, etc.

La couronne a toujours conservé la surveillance de l'administration des communes. Le Roi faisait vérifier leur comptabilité, soit par les tribunaux ou cours souveraines, soit par les cours des comptes. Il homologuait les délibérations des conseils des notables, tendant à aliéner des biens communaux, à établir de nouveaux impôts, à faire des emprunts et à soutenir et entamer des procès.

Ces règles existent encore aujourd'hui à peu de choses près, mais le conseil des maire et échevins, connu sous le nom de bureau de ville, a cessé d'exister; je crois qu'il convient de le rétablir pour les affaires propres au pouvoir municipal, telles que les a parfaitement distinguées l'Assemblé Constituante.

Quant aux conseils d'arrondissement et de département, on ne trouve, avant la révolution, de règles qui leur soient applicables, que dans l'existence momentanée des assemblées provinciales. Les attributions de ces conseils ont été réglées par la loi du 28 pluviose an 8. Il suffira d'en conserver les dispositions et d'accorder successivement à ces corps toutes les autres attributions qui seront jugées utiles au bien public. J'en ai indiqué quelques-unes.

L'élection des membres des conseils municipaux, qui ne s'occupent que d'intérêts locaux, doit être faite directement par les habitans des communes.

Il me paraît convenable que le Roi nomme les maires et échevins, ainsi que les membres des conseils d'arrondissement et de département, sur des listes de candidats qui seraient présentées par les conseils municipaux pour les maires et échevins, et par les électeurs d'arrondissement pour les membres des conseils d'arrondissement et de département.

Voici, en résumé, les principales dispositions et modifications que je propose.

Administration Municipale dans les Villes et Bourgs de 2,000 âmes et au dessus.

Maires et Échevins.

Rendre le nom d'échevins aux adjoints.

Nomination par le Roi, des maires et échevins, sur la présentation par le conseil municipal d'une liste triple pour les maires, d'une liste double pour les échevins.

Augmentation du nombre des échevins.

Rétablissement dans les villes, où il y aura au moins deux échevins, du conseil du maire et des échevins, connu sous le nom de bureau municipal, pour y être délibéré en commun sur les affaires propres au pouvoir municipal et sur l'exécution des délibérations du conseil municipal, homologuées par le Roi. En cas de partage, le maire aurait voix prépondérante.

La durée des fonctions des maires et échevins serait de quatre ans, les échevins seraient renouvelés par moitié, tous les deux ans.

A partir d'une époque déterminée, il faudrait avoir été échevin ou adjoint ou officier municipal pour être nommé maire, et avoir été membre du conseil municipal pour devenir échevin.

Conseil Municipal.

Election par les habitans, renouvellement par moitié tous les cinq ans.

Présentation de la liste des canditats pour les places de maire et d'échevins.

Conservation des attributions actuelles.

Faculté de voter des réparations urgentes aux bâtimens et biens communaux, avec homologation du préfet et sans recours à celle du Roi, toutes les fois que lesdites réparations n'excéderont pas une somme déterminée ;

Distinguer, suivant l'importance des impositions locales ; celles qui pourront être établies par délibération des conseils municipaux avec l'approbation simple du préfet ou celles pour lesquelles l'homologation du Roi ou l'assentiment de la puissance législative seront nécessaires.

En général, rendre l'administration municipale paternelle, n'exiger l'homologation des autorités supérieures pour les délibérations du bureau de ville, que dans les choses qui ont de la connexité avec l'administration générale de l'État. Laisser aux corps municipaux le choix des moyens d'exécution dans tout ce qui concerne leurs intérêts particuliers et la régie de leurs biens (1).

Comptabilité des Villes.

Révision des lois et décrets sur cette comptabilité, qu'il faut dégager de toutes formalités inutiles au bon ordre ; rapport immédiat de l'art. 4 du décret du 27 février 1811, relatif aux excédants de recette.

Administration Départementale.

Conseil de Préfecture.

Examen et approbation des budgets des villes qui ont plus de 20,000 fr. de revenu par le préfet en conseil de préfecture.

---

(1) Je crois aussi que l'administration des hôpitaux qui sont à la charge des communes, doit être une annexe de l'administration municipale ; que la surveillance en appartient au bureau de ville et au conseil municipal ; celle des préfets et des sous-préfets doit s'exercer de la même manière qu'à l'égard des municipalités. Cet objet demande un examen particulier auquel je me livrerai, peut-être, plus tard.

Vérification et apurement des comptes des receveurs municipaux desdites villes, suivant les règles prescrites par l'ordonnance du Roi, du 21 mars 1816 pour les receveurs des hôpitaux.

Un extrait du compte et de l'arrêté seraient envoyés au ministre de l'intérieur.

Recours au Roi, par l'entremise du ministre de l'intérieur de la part des villes qui croiraient avoir à se plaindre des décisions.

Exécution des délibérations du conseil général de département, autorisant des dépenses d'utilité départementale.

Conseils généraux de Département et Conseils d'Arrondissement.

Nomination des membres de ces conseils par le Roi, sur la présentation d'une liste double de candidats par l'assemblée électorale d'arrondissement.

Renouvellement par moitié tous les cinq ans.

Conservation des attributions actuelles, communication du compte des frais de bureau des préfets et des sous-préfets; communication de l'état des dégrevemens en impositions directes et de l'emploi du fonds de non-valeurs; enfin toutes nouvelles attributions qui seraient reconnues utiles.

Conditions d'Élection et d'Éligibilité.

Le paiement d'une somme fixe de contributions directes, ou bien une condition de propriété ou de location d'un revenu déterminé, en se conformant à l'évaluation des matrices des rôles des contributions directes;

La condition de location serait de moitié en sus de celle de propriété; c'est-à-dire, que s'il faut, pour exercer le droit d'élection, être propriétaire d'un bien évalué à 600 francs de revenu, il sera nécessaire d'être locataire d'un bien évalué à 900 francs de revenu, pour exercer ce même droit;

Complément des électeurs, à un nombre réglé suivant la population, par une liste des plus imposés, dans le cas où il ne se trouverait pas un nombre suffisant d'habitans remplissant les conditions exigées;

La liste communale serait faite par le bureau municipal, composé des maire et échevins; la liste d'arrondissement, par le conseil de préfecture;

La condition, soit de paiement d'imposition

soit de propriété ou de location, serait plus élevée pour être éligible ou électeur d'arrondissement, que pour être électeur communal;

Age de vingt-cinq ans pour être électeur communal, de trente ans pour être éligible aux corps municipaux ou électeur d'arrondissement; domicile d'un an pour être électeur, de cinq ans pour être éligible.

On ne compterait aux électeurs et éligibles communaux que les impositions ou le revenu des propriétés situées dans les communes; aux électeurs et éligibles d'arrondissement que les impositions ou le revenu des propriétés situées dans l'arrondissement ou au moins dans le département.

SUPPLÉMENT.

Lorsque je livrai à l'impression mes réflexions sur l'administration municipale, j'indiquai seulement, dans ma conclusion, les dispositions principales qui me paraissaient susceptibles d'entrer dans le projet de loi dont je présumais que le Gouvernement s'occupait. J'ai essayé depuis de rédiger un projet; je le joins aux exemplaires de mon écrit que je fais distribuer aux membres des deux Chambres. Je n'ai certes pas la prétention de croire que j'aie résolu, d'une manière satisfaisante, les questions que présente une loi de cette importance; mais dans une matière aussi grave, il me paraît utile que des idées diverses soient produites et attentivement examinées, parce qu'on ne peut se dissimuler que la loi sur l'organisation municipale et départementale, aura une grande influence sur les destinées de la France. La plupart des dispositions de mon projet se trouvent dans nos lois actuelles et anciennes, j'en ai ajouté d'autres dont quelques-unes m'ont été suggérées par des projets qui m'ont été communiqués.

Le point principal sur lequel je diffère avec tous les projets dont j'ai eu connaissance, est le genre de condition à adopter pour la qualité d'électeur et d'éligible. Je préfère la condition qui se tire de la propriété ou de la location, à celle qui dérive de la cote des contributions; j'ai donc cherché à me faire comprendre en rédigeant des articles de loi. La Chambre se trouvera ainsi en état d'examiner et d'apprécier les trois modes qui jusqu'à présent ont été indiqués. Savoir : la cote des contributions, le revenu de la propriété ou de la location, les plus imposés.

Pour rendre mon projet complet, j'y ai ajouté l'organisation des communes rurales et de la ville de Paris, ainsi qu'un titre relatif aux hôpitaux.

La division de la ville de Paris en douze municipalités me paraît bonne à conserver, en établissant un point central d'administration que je trouve dans le bureau municipal, composé du préfet et des douze maires. Cette division date de la constitution de l'an 3 : on était alors frappé des dangers que courait la liberté publique, par la prépondérance que pouvait acquérir un maire de Paris, secondé par un nombreux conseil municipal; prépondérance dont tout le monde a connu les funestes résultats qui furent la chute du trône, l'asservissement de la représentation nationale et par conséquent de la nation elle-même.

L'administration des communes rurales exige des formes plus simples que celle des villes et bourgs; les conditions d'élection et d'éligibilité doivent être moins élevées et fondées sur la propriété et la location. La masse de la population de ces communes est composée de petits propriétaires et de fermiers ou métayers; ces derniers ont un intérêt réel à la bonne administration de la commune; je propose de les y admettre au moyen de la condition tirée de la location, mais en même tems je les fais participer aux charges, d'une manière plus directe, en leur faisant supporter la moitié des impositions extraordinaires. En effet, beaucoup de propriétaires n'ont point d'habitation dans les communes rurales; ils n'y sont pas domiciliés et cependant on leur fait supporter presqu'exclusivement des dépenses qui, en général, ne sont votées par les conseils municipaux, que dans l'intérêt et pour la commodité des domiciliés. On peut citer le traitement du desservant d'une chapelle ou annexe, l'entretien ou l'ouverture des chemins vicinaux, etc., etc. Certes, les domiciliés seuls profitent de l'avantage de secours religieux plus à portée de leur domicile, de chemins plus commodes et plus faciles; il est donc juste qu'ils supportent au moins une partie de la dépense; mais puisque les non domiciliés y contribueront encore pour moitié, il m'a paru convenable de leur donner le droit d'élection et d'éligibilité, en limitant au quart les places qu'ils peuvent occuper dans le conseil municipal.

L'administration des hospices et des hôpitaux est tellement entravée par des formes gênantes, qu'elle a perdu son caractère paternel qui seul peut décider les hommes les plus recommandables d'une commune, à se dévouer à une administration aussi pénible (1). Ces

(1) Par un décret du 1er novembre 1805, il a été défendu aux commissions administratives d'ordonner aucune réparation excédant 300 francs, sans l'approbation des préfets; celles au dessus de 1,000 francs doivent être autorisées par le ministre de l'intérieur, il faut en

formes que l'on cherche à éluder sont l'occasion de discussions sans cesse renaissantes entre les commissions administratives et les préfets ; les administrateurs se dégoûtent de fonctions dans lesquelles ils ne peuvent pas faire le bien et qui deviennent pour eux la source de mille désagrémens. D'un autre côté, les hôpitaux avaient autrefois des biens considérables, et divers droits d'octroi leur étaient concédés exclusivement ; depuis qu'ils ont perdu la majeure partie de leurs biens, leur principal revenu consiste en une allocation sur l'octroi municipal et il existe entre les commissions administratives et les conseils municipaux des difficultés interminables, relatives à la somme de cette allocation. Il me semble que le meilleur moyen de faire cesser ces

---

outre, l'avis du conseil municipal des préfets et sous-préfets, des plans, des devis, et enfin d'une adjudication publique. Le résultat de toutes ces formalités est que les réparations ne se font que tardivement et qu'elles coûtent le double et le triple de ce qu'il aurait fallu dépenser si elles eussent été faites à tems. Une administration des hospices était dernièrement exposée à une demande judiciaire en indemnité, de la part d'un fermier dont elle n'avait pas pu faire réparer en tems opportun la grange brûlée par le tonnerre.

difficultés est d'unir l'administration des hospices à celle de la commune qui en supporte les dépenses. On eut cette pensée, lorsque, par la loi du 16 vendémiaire an 5, on réorganisa l'administration des hospices ; la surveillance en fut donnée aux municipalités et les administrations municipales eurent l'attribution de nommer les membres des commissions administratives. Cette attribution passa ensuite aux préfets et enfin au ministre de l'intérieur : je propose de la donner aux conseils municipaux en rendant à l'administration municipale la surveillance des hospices et hôpitaux et enfin en créant un conseil général d'administration, composé du préfet ou sous-préfet, du maire, des échevins et des cinq membres de la commission administrative. Ce conseil général délibérerait sur les affaires importantes, telles que les ventes et aliénations d'immeubles, l'emploi des recouvremens extraordinaires, les baux à longs termes, les réparations excédant 300 fr., les approvisionnemens et la convenance de faire ces réparations et approvisionnemens en traitant soit de gré à gré, soit par adjudication. Au moyen de ce conseil l'administration deviendrait plus simple et plus paternelle, elle serait dégagée des formes qui l'entravent et le lien qui l'unirait à celle des communes, contribuerait à entretenir la bonne harmonie entre deux administrations, qui, sous le rapport de la recette et de la dépense, ainsi que de la bonne distribution des secours aux indigens, ont une intime connexité. J'ai puisé l'idée du conseil général dans nos anciennes institutions; ce conseil existait dans beaucoup de villes, une ordonnance du mois de décembre 1698, en fait une mention expresse; mais il était diversement composé, suivant les localités, et sa composition ne serait plus en analogie avec notre mode actuel d'administration; j'ai donc cherché en en proposant le rétablissement, d'en combiner l'organisation d'après les lois qui nous régissent.

PROJET DE LOI

Sur l'Administration Départementale et Communale.

TITRE PREMIER.

ARTICLE PREMIER.

La division actuelle du territoire du royaume en départemens, arrondissemens, cantons et municipalités est conservée.

Il ne pourra être fait aucun changement à la circonscription des départemens, arron-rondissemens et cantons qu'en vertu d'une loi.

Les réunions de communes pourront être faites par une ordonnance du Roi, approbative du vote spécial du conseil général de département.

Sont exceptés des dispositions ci-dessus, les redressemens de limites qui seraient le résultat de l'opération cadastrale.

TITRE II.

Administration de Département.

ART. 2.

Il y aura dans chaque département un préfet, un conseil de préfecture et un conseil général de département.

ART. 3.

Le préfet sera seul chargé de l'administration, en tout ce qui ne sera pas attribué par les lois ou par des ordonnances du Roi, aux conseils de préfecture.

ART. 4.

Les conseils de préfecture seront composés du préfet et de cinq membres au plus ou de trois membres au moins; le Roi en déterminera le nombre dans chaque département suivant les besoins du service. Les conseillers de préfecture sont nommés par le Roi.

ART. 5.

Le conseil de préfecture prononcera,

Sur les demandes de particuliers tendantes à obtenir la décharge ou la réduction de leur cote de contributions directes;

Sur les difficultés qui pourraient s'élever

entre les entrepreneurs de travaux publics et l'administration contre le sens ou l'exécution des clauses de leurs marchés ;

Sur les réclamations des particuliers qui se plaindront de torts et dommages procédant du fait personnel des entrepreneurs et non du fait de l'administration;

Sur les demandes et contestations concernant les indemnités dues aux particuliers à raison des terrains pris ou fouillés pour la confection des chemins, canaux et autres ouvrages publics ;

Sur les difficultés qui pourront s'élever en matière de grande voirie, de chemins vicinaux, ruraux et de hallage; du curage des rivières et canaux non navigables; de droits de navigation, et en général sur toutes les affaires contentieuses administratives qui lui ont été attribuées par les lois, arrêtés, décrets et ordonnances ;

Sur les demandes qui seront présentées par les communautés des villes, bourgs ou villages pour être autorisées à plaider;

Sur le contentieux des domaines nationaux.

ART. 6.

Le préfet, en conseil de préfecture,

Examinera et approuvera les budgets des

villes et bourgs de deux mille âmes et au dessus, à l'exception des budgets des villes ayant plus de 100,000 fr. de revenu, qui continueront à être soumis à l'approbation du Roi.

Il vérifiera et apurera les comptes des receveurs municipaux des communes, ainsi que ceux des receveurs des hospices ; un extrait de ces comptes et de l'arrêté sera envoyé par le préfet au ministre de l'intérieur, lorsque le revenu des communes s'élevera à plus de 20,000 fr.

Il sera chargé de l'exécution des délibérations du conseil général de département, autorisant l'emploi de centimes facultatifs en dépenses d'utilité départementales ;

Il homologuera les délibérations des conseils municipaux, tendant à imposer extraordinairement les habitans des communes pour réparations aux bâtimens et biens communaux ou aux chemins vicinaux, toutes les fois que ces impositions ne s'éleveront pas au delà de 10 centimes du principal des contributions directes.

ART. 7.

Les marchés et adjudications pour toutes les dépenses départementales autorisées par les délibérations du conseil général du département, seront passés par le préfet en conseil de préfecture.

ART. 8.

Lorsque le préfet assistera au conseil de préfecture, il présidera, en cas de partage il aura voix prépondérante.

TITRE III.

Conseil général de département.

ART. 9.

Les membres du conseil général seront nommés par le Roi sur une présentation qui lui sera faite par l'assemblée électorale d'arrondissement d'une liste de candidats en nombre double des membres assignés à chaque arrondissement par une ordonnance du Roi, selon les deux proportions de la population et des contributions directes;

ART. 10.

Le conseil général de département s'assemblera chaque année; l'époque de sa réunion sera déterminée par le Roi; la durée de sa session ne pourra excéder vingt jours;

Il nommera un de ses membres pour président; un autre pour secrétaire;

Il délibérera sur les réunions de communes;

Il fera la répartition des contributions directes entre les arrondissemens du département;

Il statuera sur les demandes en réduction faites par les conseils d'arrondissement, les villes, bourgs et villages;

Il déterminera, dans les limites fixées par la loi, le nombre des centimes additionnels dont l'imposition sera nécessaire pour les dépenses du département;

Il pourra, en outre, établir pour dépenses d'utilité départementale, des impositions dont le montant ne pourra excéder 5 centimes du principal des contributions directes et dont l'allocation sera toujours conforme au vote du conseil général; les produits de ces contributions locales extraordinaires seront recouvrés par les préposés des contributions directes. et versés dans les caisses des receveurs généraux des départemens qui les tiendront à la disposition des préfets, pour être employés conformément aux votes du conseil général de département et aux arrêtés du conseil de préfecture;

Il entendra et examinera 1° le compte annuel que le préfet rendra de l'emploi des centimes additionnels destinés aux dépenses départementales; 2° le compte de l'emploi des centimes facultatifs;

Le compte de l'emploi des frais d'abonnement des préfectures, celui de l'emploi des fonds de non-valeurs et l'état des dégrevemens en contributions directes lui seront communiqués; il pourra adresser, au ministre de l'intérieur, les observations qu'il croira convenable de faire sur ces comptes et états;

Il exprimera son opinion sur l'état et les besoins locaux du département, et l'adressera au ministre de l'intérieur.

ART. 11.

Les dépenses auxquelles les départemens sont chargés de pourvoir, sont les suivantes:

Loyers des hôtels de préfecture; contributions, acquisitions, entretien et renouvellement du mobilier;

Dépenses ordinaires des prisons, dépôts, secours et ateliers pour remédier à la mendicité;

Cazernement de la gendarmerie;

Loyers, mobilier et menues dépenses des cours et tribunaux; travaux des bâtimens des préfectures, tribunaux, prisons, dépôts, cazernes et autres édifices départementaux;

Travaux des routes départementales et autres d'intérêt local, non compris au budget des onts et chaussées.

Enfans trouvés et abandonnés;

Encouragemens et secours pour les pépinières, sociétés d'agriculture, artistes vétérinaires, cours d'accouchement, et autres.

Dettes départementales à payer en numéraire, indemnités de terrein; acquisitions, etc.

Aucune autre dépense ne pourra être mise à la charge des départemens qu'en vertu d'une loi.

ART. 12.

Il sera chaque année porté au budget de l'État, un fonds pour distribuer des supplémens aux départemens où les ressources, non compris les centimes facultatifs, ne seraient pas en proportion avec les dépenses nécessaires;

La distribution de ce fonds sera annoncée par le Gouvernement avant la réunion des conseils généraux.

ART. 13.

Si un conseil général a jugé convenable de voter des fonds pour contribuer à une dépense portée au budget de l'État, et que, dans l'intérêt du département, il aura voulu accroître, ou compléter, les fonds resteront distincts et assujétis à toutes les formes de la comptabilité départementale.

ART. 14.

Les comptes présentés par le préfet seront accompagnés des pièces justificatives de la dépense, ou d'un certificat des comptables si ces pièces sont entre leurs mains.

ART. 15.

Le compte annuel des recettes et dépenses départementales votées par le conseil général sera publié et imprimé.

ART. 16.

Les préfets ont leur entrée dans le conseil général pour y être entendus quand ils le demandent, ou quand ils en sont requis par le conseil; ils se retireront lorsque le conseil ira aux voix.

ART. 17.

Les délibérations des conseils généraux relatives aux réunions des communes, au réglement du budget départemental, aux centimes additionnels et facultatifs à percevoir, soit pour les dépenses assignées aux départemens, soit pour des dépenses d'utilité départementale, ne seront exécutoires qu'après l'approbation du Roi.

TITRE IV.

Administration d'arrondissement.

ART. 18.

Il y aura un sous-préfet par arrondissement et un conseil d'arrondissement.

ART. 19.

Le sous-préfet aura seul l'administration.

ART. 20.

Les membres du conseil d'arrondissement seront nommés par le Roi sur une liste double de candidats présentée par l'assemblée électorale d'arrondissement.

Ce conseil sera composé de dix à vingt membres.

ART. 21.

Le conseil d'arrondissement s'assemblera chaque année; l'époque de sa réunion sera déterminée par le Roi; sa session sera divisée en deux parties; la première durera dix jours au plus, elle aura lieu au moins quinze jours avant la session du conseil général de département; la seconde qui se tiendra après la fin de la session dudit conseil, durera cinq jours au plus;

Il nommera un de ses membres pour président, un autre pour secrétaire;

Il fera la répartition des contributions directes entre les villes, bourgs et villages de l'arrondissement;

Il donnera son avis motivé sur les demandes en décharge qui seront formées par les villes bourgs et villages et sur les réunions de communes;

Il entendra le compte annuel que le sous-préfet rendra de l'emploi des centimes additionnels destinés aux dépenses de l'arrondissement, et il adressera au conseil général du département les observations qu'il croira convenable de faire sur ce compte;

Il lui sera donné communication du compte des frais d'abonnement de la sous-préfecture, de l'emploi du fonds de non-valeurs et de l'état des dégrevemens en contributions directes; il adressera ses observations au conseil général de département;

Il exprimera son opinion sur l'état et les besoins locaux de l'arrondissement, et l'adressera au préfet pour être communiqué au conseil général.

ART. 22.

Dans les arrondissemens où sera situé le chef-lieu de département, il n'y aura point de sous-préfet.

TITRE V.

Formation du Conseil d'Arrondissement et du Conseil Général de Département.

ART. 23.

Pour être électeur d'arrondissement ou être éligible au conseil d'arrondissement, il faudra réunir les conditions suivantes :

Être âgé de vingt-cinq ans ;

Être né dans l'arrondissement ou y être domicilié depuis cinq ans ;

Être propriétaire ou usufruitier dans le département d'un bien évalué au rôle des contributions directes à un revenu de 1,000 fr., ou être propriétaire ou usufruitier d'un bien évalué à 600 fr., et payer en outre depuis deux années consécutives un droit de patente s'élevant à 150 fr.

Dans le cas où le nombre des électeurs et éligibles ne s'élèverait pas à 200, ce nombre sera complété par les plus forts imposés.

ART. 24.

Les conditions pour être éligible au conseil général de département seront, d'être âgé de trente ans, d'être domicilié depuis dix ans dans le département, et d'être propriétaire ou usufruitier dans le département d'un bien évalué au rôle de la contribution foncière à un revenu de 1,500 fr., ou d'être propriétaire ou usufruitier d'un bien évalué à 1,000 fr., et de payer en outre depuis deux années consécutives un droit de patente s'élevant au moins à 200 fr.

ART. 25.

Lorsque, dans un arrondissement, il ne se trouvera pas cinquante éligibles au conseil de département, ce nombre sera complété par une liste des plus imposés domiciliés dans l'arrondissement.

ART. 26.

Les listes des plus imposés seront faites par

le sous-préfet, et arrêtées définitivement par le conseil d'arrondissement.

TITRE VI.

Municipalités.

§ Ier.

ART. 27.

Il y a une municipalité dans chaque ville, bourg ou commune rurale, à l'exception de Paris.

ART. 28.

Dans chaque ville et bourg au dessus de 2,000 âmes, à l'exception de Paris, le corps municipal est composé du maire, des échevins et d'un conseil municipal.

Dans chaque commune au dessous de 2,000 âmes, il y a un maire, un adjoint et un conseil municipal.

ART. 29.

Les maires, échevins et adjoints sont nommés par le Roi sur la présentation des conseils municipaux.

Ces conseils présentent une liste triple de

candidats pour les maires, et une liste double pour les échevins et adjoints.

ART. 30.

La durée des fonctions des maires, échevins et adjoints est de quatre ans, ils seront rééligibles.

ART. 31.

Les conseillers municipaux sont nommés par les habitans des communes qui réunissent les conditions requises pour être électeur.

ART. 32.

Le conseil municipal est composé du maire, des échevins ou adjoints et des conseillers municipaux.

§ II.

Villes et Bourgs de 2,000 âmes et au dessus.

ART. 33.

Le nombre des échevins et conseillers municipaux dans les villes et bourgs de 2,000 âmes et au dessus est réglé comme suit :

Communes de 2,000 à 5,000 âmes, deux échevins, dix conseillers municipaux.

5,000 à 10,000 âmes, trois échevins, quinze conseillers municipaux;

10 à 20,000 âmes, quatre échevins, vingt conseillers municipaux;

20 à 50,000 âmes, quatre échevins, vingt-cinq conseillers municipaux;

50,000 et au dessus, un échevin, et deux conseillers municipaux par 10,000 âmes en sus.

ART. 34.

Le maire exercera seul, sous la surveillance des préfets et sous préfets, les fonctions qui sont une délégation de l'administration générale du royaume.

Il pourra les déléguer en tout ou en partie à un ou plusieurs échevins s'il est autorisé à le faire par les lois ou par le Roi.

ART. 35.

Le maire et les échevins formeront un conseil, sous le nom de bureau municipal, où seront rapportées et délibérées en commun les affaires propres au pouvoir municipal; néanmoins les maires et échevins pourront se partager entre eux la gestion des diverses parties de l'administration, et chacun d'eux en cette qualité pourra prendre des décisions en se conformant aux règlemens, et sauf à en faire le rapport à la plus prochaine réunion du bureau municipal.

La moitié des membres composant le bureau sera nécessaire pour prendre une délibération;

Les délibérations du bureau municipal seront prises à la majorité des voix, et portées sur un registre coté et paraphé par le maire;

En cas de partage égal des voix, le maire aura la voix prépondérante.

ART. 56.

Les fonctions propres au pouvoir municipal, sont :

De régir les biens et revenus communs des villes, bourgs et villages;

De régir et d'acquitter celles des dépenses locales qui doivent être payées des deniers communs;

De diriger et de faire exécuter les travaux publics qui sont à la charge de la communauté;

D'administrer les établissemens qui appartiennent à la commune, qui sont entretenus de ses deniers ou qui sont particulièrement destinés à l'usage des citoyens dont elle est composée; de faire jouir les habitans des avantages d'une bonne police, sous le rapport de la propreté, de la salubrité et de la tranquillité dans les rues, lieux et édifices publics.

ART. 37.

Les arrêtés du bureau municipal, contenant règlement pour la propreté, la salubrité et la tranquillité dans les rues, lieux et édifices publics seront soumis à l'approbation des sous-préfets et préfets.

ART. 38.

Les adjudications des baux des biens et octrois seront faites, en bureau municipal, au plus offrant et dernier enchérisseur, et en se conformant aux lois sur cette matière, à l'exception des baux des biens dont le revenu n'excédera pas 100 francs qui pourront être passés sans ces formalités.

ART. 39.

Le cahier des charges pour l'adjudication des baux des biens et octrois, et les procès-verbaux des adjudications seront approuvés par les sous-préfets et préfets; néanmoins ils ne pourront refuser d'homologuer les adjudications que pour vice de forme. Leur approbation ou leur refus, avec les motifs, devront être notifiés dans le délai de quinze jours après l'envoi des pièces.

ART. 40.

Il y aura un receveur municipal dans les villes et bourgs dont le revenu s'élève à plus de 20,000 fr.

Il sera nommé par le ministre de l'intérieur, sur la présentation du conseil municipal.

ART. 41.

Dans les villes et bourgs où il n'y aura pas de receveur municipal, un membre du conseil municipal nommé chaque année par ledit conseil sera chargé d'en faire les fonctions.

ART. 42.

La surveillance de la comptabilité et de la caisse municipale appartient au maire ; néanmoins le bureau municipal pourra faire vérifier la caisse et se faire représenter les livres lorsqu'il le jugera convenable;

Le maire délivrera les mandats sur le receveur municipal, en vertu des arrêtés du bureau municipal ;

Le maire et le bureau municipal seront tenus de se conformer au budget voté par le conseil municipal, et approuvé par le Roi ou par le préfet en conseil de préfecture.

ART. 43.

Le receveur municipal sera tenu de remettre tous les mois au conseil des maires et échevins, un bref état de la recette et de la dépense visé par le maire ou par celui des échevins qui, en son absence, ou par délégation, sera chargé de la surveillance de la caisse.

ART. 44.

S'il a été alloué par le conseil municipal un fonds pour dépenses imprévues et qu'il soit nécessaire d'y recourir, soit pour insuffisance de l'allocation d'un ou plusieurs chapitres du budget, soit pour toute autre cause, les motifs de la dépense seront consignés dans un arrêté du bureau de ville, les deux tiers des membres étant présens, cet arrêté sera joint au compte annuel de la dépense.

ART. 45.

Le receveur municipal, sous peine de responsabilité personnelle, ne pourra faire aucun paiement qu'en vertu d'un mandat du maire ou de l'échevin qui le suppléera, dans lequel mandat il sera fait mention de l'arrêté du bureau municipal autorisant le paiement de la dépense.

Il portera sa recette et sa dépense jour par jour et sans aucun blanc sur un registre coté et paraphé par le maire ou un échevin; il fera mention des mandats et de leur date.

ART. 46.

Le receveur municipal sera tenu de remettre tous les ans au bureau municipal, le compte de ses recettes et dépenses avec les pièces justificatives à l'appui; ce compte sera arrêté et visé par le bureau, et soumis par le maire à l'examen et à la vérification du conseil municipal.

ART. 47.

Le nombre des employés, serviteurs et domestiques nécessaires pour le service des villes et bourgs, sous quelque dénomination que ce soit, et leurs honoraires, appointemens ou gages, seront réglés par le conseil municipal.

Les employés, serviteurs ou domestiques seront choisis et congédiés par le maire.

§ III.

Conseil municipal.

ART. 48.

Le conseil municipal s'assemblera une fois par an, sa session sera de quinze jours;

Il sera présidé par le maire qui, en cas d'ab sence, sera remplacé par un échevin;

Il nommera dans son sein un vice-président et un secrétaire;

Il pourra être convoqué extraordinairement, soit sur la demande du bureau municipal, approuvée par le préfet ou sous-préfet, soit sur l'ordre du préfet;

Il entendra et examinera le compte annuel du receveur municipal, visé par le bureau et présenté par le maire;

Il réglera le partage des affouages, pâtures, récoltes et fruits communs;

Il réglera la répartition des travaux nécessaires à l'entretien et aux réparations des propriétés qui sont à la charge des habitans;

Il délibérera sur les besoins particuliers et locaux de la municipalité, et sur le budget annuel des recettes et dépenses communales;

Sur les acquisitions et aliénations d'immeubles;

Sur les pensions et gratifications;

Sur les emprunts et les octrois;

Sur les centimes additionnels et les impositions extraordinaires qui pourront être nécessaires pour subvenir aux besoins des communes;

Sur les procès à intenter ou à soutenir;

Sur l'emploi du prix des ventes, des remboursemens, des recouvremens extraordinaires et des excédans de recettes;

Il pourra nommer une commission temporaire de deux à cinq membres, pour vérifier la caisse du receveur et la régularité de sa comptabilité. Les pouvoirs de cette commission cesseront de droit avec la session du conseil.

ART. 49.

Lorsque le conseil délibérera sur le compte des recettes et dépenses du receveur de la commune, il sera présidé par le vice-président; le maire et les échevins assiteront au conseil sans voix délibérative.

ART. 50.

Les délibérations du conseil municipal tendantes à établir des impositions extraordinaires qui n'excéderont pas 10 centimes du principal des contributions directes, seront approuvées par le préfet en conseil de préfecture.

Les délibérations relatives à des emprunts ou contributions extraordinaires excédant dix centimes additionnels, à l'établissement d'octrois, aux acquisitions ou aliénations d'immeubles, à l'emploi du prix des ventes, des remboursemens, des recouvremens extraordinaires et des excédans de recette, ne pourront être exécutées qu'avec l'approbation du Roi; les autres délibérations seront approuvées par les préfets.

ART. 51.

Dans les villes où les revenus excèdent 100,000 francs, aucun emprunt ni aucune contribution extraordinaire ou augmentation des droits d'octroi excédant la valeur de 10 centimes des contributions directes, ne pourront être faits qu'en vertu d'une loi.

ART. 52.

Les demandes, pour être autorisé à plaider, seront accompagnées de la consultation de trois avocats.

L'autorisation sera donnée par le conseil de préfecture.

ART. 53.

Le compte annuel du receveur municipal, vérifié et arrêté par le conseil municipal sera transmis par le maire au préfet; il sera vérifié, apuré et définitivement arrêté par le préfet en conseil de préfecture.

Conformément à l'art. 6, titre II, un bref état du compte et une copie de l'arrêté seront envoyés par le préfet au ministre de l'intérieur, lorsque les villes auront plus de 20,000 francs de revenu.

ART. 54.

Les maires et échevins pourront exercer leur recours au Roi par l'entremise du ministre de l'intérieur contre les décisions des préfets, des sous-préfets et du conseil de préfecture.

ART. 55.

Il pourra être établi des procureurs du Roi près de l'administration municipale des villes de dix mille âmes et au dessus. Leur traitement sera pris sur les fonds du ministère de l'intérieur; le logement et les frais de bureau seront à la charge des villes.

ART. 56.

Les procureurs du Roi seront chargés de

surveiller et de requérir l'exécution des lois ; ils assisteront aux délibérations du bureau municipal, mais ils n'auront que voix consultative. Le Roi pourra leur déléguer tout ou partie des fonctions qui ressortent de l'administration générale du royaume, et qui ne sont pas spécialement attribuées par les lois aux maires.

§ IV.

Formation du conseil municipal et conditions d'éligibilité pour les maires, échevins et conseillers municipaux.

ART. 57.

Pour être admis à voter dans les assemblées communales, il faut :

Jouir de ses droits civils et politiques ;

Être âgé de vingt-cinq ans accomplis ;

Être né dans la commune ou y avoir son domicile depuis un an ;

Être, soit propriétaire ou usufruitier, soit locataire d'un bien situé dans la commune, évalué au rôle des contributions directes à un revenu fixé comme suit :

Dans les communes de deux mille à cinq mille âmes, 300 francs de revenu en propriété, ou 450 francs de location ;

De cinq mille à vingt mille âmes, 400 francs de revenu en propriété, ou 600 francs de location;

De vingt mille à cinquante mille âmes, 500 f. de revenu en propriété, ou 800 fr. de location;

Cinquante mille âmes et au dessus, 600 francs de revenu en propriété, ou 1,000 francs de location.

ART. 58.

Sont électeurs communaux, sans condition de propriété ou de location :

Les patentables de première et deuxième classe, ainsi que ceux hors classe, à l'exception des colporteurs, qui payeront un droit fixe égal ou supérieur à celui de deuxième classe, lorsquelesdits patentables auront été portés deux années consécutives sur le rôle des patentes;

Les conseillers d'État, les présidens, procureurs généraux et conseillers aux cours royales; les juges, procureurs du Roi et substituts des tribunaux de première instance, les membres des tribunaux de commerce et des conseils de prud'hommes; les chanoines et curés, les présidens des consistoires des églises réformées, les présidens et secrétaires des sociétés savantes, les recteurs, proviseurs et inspecteurs des colléges royaux, les bâtonniers des avocats et les syndics des autres corporations autorisées.

ART. 59.

Le nombre des électeurs devra être au moins de cent dans les villes et bourgs de deux mille âmes, et de dix en sus par chaque mille âmes de population au delà de deux mille âmes.

Dans le cas où il ne se trouverait pas un nombre suffisant d'habitans remplissant les conditions nécessaires pour être électeurs communaux, il y sera suppléé par une liste des plus imposés.

ART. 60.

Dans les villes où il y aura plusieurs arrondissemens de justices de paix, les habitans seront réunis par arrondissement. Chaque arrondissement élira directement un nombre de conseillers municipaux, qui sera déterminé par le Roi, selon les deux proportions de la population et des contributions directes.

Toutes les fois que le nombre des électeurs s'élevera à plus de cinq cents, ils seront divisés en sections.

ART. 61.

Ne seront éligibles aux places de maires,

échevins et de conseillers municipaux, que des citoyens âgés de trente ans accomplis, nés dans la commune ou y ayant leur domicile réel depuis cinq ans, jouissant de leurs droits civils et politiques, et propriétaires, usufruitiers ou locataires d'un bien évalué au rôle des contributions directes, au double de la somme exigée pour être électeur;

Néanmoins, les patentables de première et de deuxième classe, ainsi que ceux hors classe, à l'exception des colporteurs, qui payeront un droit fixe, égal ou supérieur au droit fixe de deuxième classe, seront éligibles, s'ils sont inscrits au rôle desdits patentables depuis deux années consécutives, et si, outre les autres conditions non relatives à la propriété et à la location, ils sont propriétaires, usufruitiers ou locataires d'un bien évalué à un revenu égal à celui exigé pour être électeur.

ART. 62.

Dans le cas où, dans les communes de deux mille à cinq mille âmes, il ne se trouverait pas cinquante habitans remplissant les conditions exigées pour être éligible, et dans les autres villes, trois en sus pour mille âmes, il y sera suppléé par une liste des plus imposés.

ART. 63.

Les listes des électeurs et des éligibles seront faites par le bureau municipal.

ART. 64.

Les maires ne pourront être choisis que parmi les citoyens qui auront déjà rempli cette place ou qui auront été échevins, adjoints ou officiers municipaux, ou seraient échevins ou adjoints.

ART. 65.

Le choix des échevins ne pourra être fait que parmi les habitans qui seront ou auront été membres du conseil municipal ou qui auraient été échevins, adjoints ou officiers municipaux ou seraient échevins ou adjoints.

ART. 66.

Les échevins seront renouvelés tous les deux ans par moitié;

Dans le cas où ils seraient en nombre impair, le premier renouvellement aura lieu sur le nombre pair;

Lors du premier renouvellement, les membres sortans seront tirés au sort en conseil municipal.

§ V.

Ville de Paris.

ART. 67.

La division de la ville de Paris en douze municipalités est conservée.

Il y aura un maire et deux échevins par municipalité.

ART. 68.

Les maires auront seuls l'administration, ils auront la faculté d'assembler les échevins, de les consulter lorsqu'ils le jugeront convenable, et de leur déléguer une partie de leurs fonctions.

ART. 69.

Les maires formeront le bureau municipal de la ville de Paris, avec le préfet de la Seine qui en aura la présidence.

ART. 70.

Le conseil général du département de la Seine sera composé de trente-six membres dont six seront nommés par les arrondissemens communaux.

ART. 71.

Chaque arrondissement de la ville de Paris

présentera une liste de candidats en nombre double des membres qui lui seront assignés par une ordonnance du Roi à raison de la population et des contributions directes.

ART. 72.

Le conseil municipal de la ville de Paris sera composé du préfet qui le présidera, des douze maires et des membres du conseil général nommés par la ville audit conseil ;

Il fera les présentations au Roi pour les places des maires et échevins.

ART. 73.

Pour être électeur d'arrondissement communal à Paris, il faut, outre les conditions exigées pour les villes et bourgs, non relatives à la propriété et à la location, être propriétaire ou usufruitier d'un bien situé dans Paris, évalué au rôle des contributions directes à 1,500 fr. de revenu, ou locataire d'un bien évalué audit rôle à un revenu de 2,000 fr.

ART. 74.

Il faut, pour être éligible au conseil général du département de la Seine et aux places de maires et d'échevins, être propriétaire d'un bien situé dans le département et évalué au rôle de la contribution foncière à 2,000 fr. de revenu, ou être propriétaire d'un bien évalué audit rôle à 1,500 fr. et payer depuis deux années consécutives une patente de première ou de seconde classe, ou un droit fixe hors classe, égal ou supérieur au droit fixe de seconde classe

§ VI.

Communes au dessous de deux mille âmes.

ART. 75.

Dans les communes dont la population est au dessous de deux mille âmes, le nombre des conseillers municipaux est règlé comme suit;

Communes de cinq cents âmes, et au dessous, cinq conseillers municipaux;

Au dessus de cinq cents âmes, dix conseillers municipaux.

ART. 76.

Le maire aura seul l'administration.

En cas d'absence ou d'empêchement, il sera remplacé par l'adjoint auquel il pourra en outre déléguer une partie de ses fonctions.

ART. 77.

La nomination des maires et adjoints

pourra être déférée aux préfets par délégation du Roi. »

ART. 78.

Pour être admis à l'élection des membres du conseil, il faut réunir les conditions suivantes:

Être âgé de vingt-cinq ans accomplis, et domicilié dans la commune depuis un an.

Être propriétaire ou usufruitier d'un bien situé dans la commune évalué au rôle de la contribution foncière à 150 fr. de revenu, ou locataire, fermier ou métayer d'un bien situé dans la commune évalué, au même rôle à 300 fr. de revenu.

ART. 79.

Outre les conditions précédentes il faudra avoir trente ans accomplis pour être éligible au conseil municipal et aux places de maire et d'adjoint.

ART. 80.

Lorsqu'il ne se trouvera pas trente habitans dans les communes de cinq cents âmes et au dessous, cinquante dans celles au dessus, réunissant les conditions exigées pour être électeurs ou éligibles, il y sera suppléé par une liste des plus imposés qui sera faite par le maire, approuvée par le conseil municipal, et définitivement arrêtée par le sous-préfet.

ART. 81.

En conformité de l'article 41, titre V, le conseil municipal désignera un de ses membres qui fera les fonctions de receveur municipal.

Les mandats de paiement seront visés par le maire, et en cas d'absence, par son adjoint.

ART. 82.

Le compte annuel des dépenses sera signé par le membre du conseil faisant les fonctions de receveur, visé et présenté par le maire au conseil.

ART. 83.

Le budget des dépenses communales sera approuvé par les préfets et sous-préfets;

S'il a été alloué un fonds pour dépenses imprévues, il ne pourra être fait aucune allocation sur ledit fonds, qu'en vertu d'une autorisation du conseil municipal.

ART. 84.

Les non domiciliés, propriétaires d'un bien évalué au rôle de la contribution foncière à un revenu de 300 francs, peuvent prendre part aux élections et être élus : néanmoins, ils ne pourront entrer dans le conseil municipal que dans la proportion d'un quart.

ART. 85.

Les autres attributions des conseils municipaux des communes au dessus de deux mille âmes, seront les mêmes que celles des conseils municipaux des autres communes du royaume.

§ VII.

Dispositions générales.

ART. 86.

Les habitans des communes qui seront en même tems propriétaires et usufruitiers d'une part, et locataires, fermiers ou métayers de l'autre, cumuleront leurs facultés à ces divers titres, jusqu'au taux nécessaire pour établir leur qualité d'électeur ou d'éligible.

ART. 87.

Les délégués de plusieurs municipalités pourront être réunis en conseil, lorsqu'il sera jugé nécessaire de faire une dépense commune, soit pour réparations, soit pour l'ouverture de chemins vicinaux.

ART. 88.

Chaque conseil municipal désignera annuellement un de ses membres pour assister auxdites réunions.

ART. 89.

Les préfets et sous-préfets convoqueront les assemblées de plusieurs communes réunies, ils en nommeront le président parmi les délégués des communes, et ils désigneront le lieu du rassemblement.

ART. 90.

Lesdites assemblées délibéreront à la majorité des voix; néanmoins, leurs délibérations ne seront obligatoires que lorsqu'elles auront été consenties par les deux tiers des conseils municipaux des communes intéressées, et après l'homologation du Roi.

ART. 91.

Toutes impositions locales extraordinaires seront, en ce qui portera sur la contribution foncière des biens ruraux, moulins et usines, par moitié à la charge des propriétaires, et par moitié à la charge des fermiers et métayers, à moins que, par les clauses du bail ou par toutes autres conventions, les fermiers et métayers n'en soient chargés en entier.

TITRE VII.

Administration des Hospices et Hôpitaux.

ART. 92.

Les hospices et hôpitaux, dont les dépenses ordinaires sont à la charge des communes ou qui sont destinés exclusivement aux habitans d'une commune, sont régis sous la surveillance de l'administration municipale.

ART. 93.

Lorsqu'il y aura plusieurs hospices et hôpitaux dans une commune, ils seront réunis sous la même administration.

ART. 94.

L'administration des hospices et hôpitaux continuera à être confiée à cinq administrateurs, qui seront cinq ans en exercice. Un des administrateurs sortira chaque année.

ART. 95.

A l'avenir et à chaque remplacement successif des administrateurs, la commission administrative présentera une liste triple de candidats au conseil municipal, qui élira le nouvel administrateur.

ART. 96.

La commission administrative nommera un président parmi ses membres.

Le maire de la commune assistera au conseil et le présidera lorsqu'il le jugera convenable.

ART. 97.

Outre le conseil du maire et des cinq administrateurs, il y aura un conseil général composé du maire, des échevins et des cinq administrateurs. Le maire aura la présidence; en cas d'absence, il sera remplacé par un des échevins.

Les préfets et les sous-préfets pourront assister au conseil général, ils le présideront lorsqu'ils seront présens.

ART. 98.

Le conseil général tiendra au moins une séance par mois;

Il lui sera rendu compte des affaires importantes pour lesquelles son intervention paraîtra nécessaire;

Il délibérera sur les réparations excédant 300 francs, à faire aux bâtimens et biens, sur les achats et approvisionnemens, et sur la convenance de traiter de gré à gré, ou par adjudication, soit pour lesdites réparations, soit pour lesdits achats et approvisionnemens ;

Sur les ventes et aliénations d'immeubles, et sur l'emploi des recouvremens extraordinaires provenant de ces aliénations, de legs au dessus de 300 francs, de vente de bois, etc. ;

Sur l'utilité ou la nécessité de concéder les biens à bail à longues années ;

Il approuvera et visera le budget et les comptes de recettes et dépenses ordinaires qui seront présentés annuellement par la commission administrative au conseil municipal.

ART. 99.

Les délibérations du conseil général, relatives à l'emploi des recouvremens extraordinaires, et aux baux à longues années, ne seront exécutoires qu'après avoir été soumises au conseil municipal et approuvées par le Roi.

ART. 100.

Les baux continueront à être passés par la commission administrative, par voie d'adjudication au plus offrant et dernier enchérisseur, en se conformant aux lois sur cette matière.

Les préfets et sous-préfets ne pourront refuser leur approbation que pour vices de forme.

ART. 101.

La dépense des enfans-trouvés est à la charge des départemens; il y sera pourvu par le conseil général du département.

ART. 102.

Le budget des hôpitaux, et le compte annuel de leur recette et dépense seront divisés en deux parties, savoir :

1°. Le budget et le compte des recettes et dépenses ordinaires ;

2°. Le budget et le compte des recettes et dépenses des enfans-trouvés.

ART. 103.

Le budget des recettes et dépenses ordinaires sera présenté au conseil municipal par la commission administrative des hospices et hôpitaux, arrêté par ledit conseil, et joint, par un état séparé, au budget de la commune.

Le compte annuel de la dépense, avec les pièces justificatives à l'appui, sera vérifié et arrêté dans la même forme que le compte des recettes et dépenses municipales.

ART. 104.

Lorsque le conseil municipal délibérera sur les affaires qui concernent les hospices et hôpitaux, les membres de la commission administrative, qui ne seront pas membres dudit conseil, pourront néanmoins y assister sans voix délibérative.

ART. 105.

Le budget et le compte annuel des recettes et dépenses des enfans-trouvés seront votés et examinés par le conseil général de département.

ART. 106.

Il continuera d'y avoir près des administrations des hospices et hôpitaux un receveur, pris hors du sein des commissions administratives, chargé exclusivement, sous la surveillance de la commission, de la recette et du paiement de la dépense.

ART. 107.

Sur la présentation de la commission administrative, les receveurs seront nommés par le ministre de l'intérieur, les médecins et chirurgiens par les préfets.

Les autres employés des hospices seront à la nomination des commissions administratives, qui pourront les révoquer à volonté.

ART. 108.

Les réglemens concernant l'administration des hospices et hôpitaux, seront proposés par les commissions administratives, et délibérés par le conseil général des hospices;

Ils seront communiqués aux préfets, qui pourront les annuler s'ils sont contraires aux lois.

Les sœurs hospitalières de la charité seront tenues de se conformer à ces réglemens, et d'exécuter les ordres des administrateurs en tout ce qui concerne le temporel.

ART. 109.

Lorsqu'un hospice ou hôpital aura été fondé pour tout un département, ou un arrondissement, les administrateurs seront nommés par le conseil général du département, ou par le conseil d'arrondissement, sur la présentation de l'administration.

Les préfets ou sous-préfets pourront assister

au conseil administratif : ils le présideront lorsqu'ils seront présens.

Le budget et le compte des recettes et dépenses seront votés ou examinés par les conseils généraux de département ou d'arrondissement.

ART. 110.

Il n'est fait aucun changement au mode de la régie et de l'administration des hospices et hôpitaux de la ville de Paris.

ART. 111.

Les lois, arrêtés et décrets sur l'administration et la comptabilité des hospices et hôpitaux, auxquels il n'est pas dérogé par la présente loi, continueront d'être exécutés.

TITRE VIII.

Dispositions générales.

ART. 112.

Les assemblées électorales d'arrondissement et des communes se conformeront, pour la nomination de leurs bureaux, pour la durée et la police des séances aux règles prescrites par la loi du 5 février 1817.

Elles ne peuvent s'occuper d'autres objets que des élections et des présentations qui leur sont respectivement attribuées.

Toutes discussions, toutes délibérations leur sont interdites.

ART. 113.

Les conseils d'arrondissement, les bureaux municipaux, et les sous-préfets statueront provisoirement, en ce qui les concerne, sur les réclamations qui s'éleveraient contre la teneur des listes d'électeurs et d'éligibles, sans préjudice du recours de droit, lequel ne pourra néanmoins suspendre les élections.

ART. 114.

Les difficultés relatives à la jouissance des droits civils et politiques des réclamans seront définitivement jugées par les cours royales; celles qui concerneraient leurs contributions ou leur domicile, le seront par le conseil de préfecture.

ART. 115.

Trois mois au moins avant l'ouverture des assemblées électorales, les préfets, sous-préfets et maires avertiront les électeurs et les éligibles par un arrêté publié et affiché, qu'ils peuvent se présenter pour faire reconnaître leurs droits, et se faire inscrire ; ils fixeront un délai, passé lequel nul ne sera plus admis à se faire inscrire sur la liste des électeurs et des éligibles.

A l'expiration de ce délai, il sera procédé à la formation de la liste des plus imposés, dans les cas prévus par la présente loi.

ART. 116.

Les maires, échevins et adjoints peuvent être destitués par le Roi.

En cas de destitution, le conseil municipal sera immédiatement assemblé pour procéder à une nouvelle présentation. Il ne pourra présenter de nouveau les officiers municipaux qui auraient été destitués.

ART. 117.

Les conseils municipaux, les conseils d'arrondissement et les conseils généraux de département seront renouvelés, par moitié, tous les cinq ans. Les membres sortans sont rééligibles. Lors du premier renouvellement, ils seront désignés par le sort.

ART. 118.

Les membres des conseils municipaux et

des conseils d'arrondissement et de département ne pourront être destitués individuellement; mais le Roi aura le droit de dissoudre ces conseils.

ART. 119.

En cas de dissolution les assemblées électorales seront convoquées dans le délai de trois mois, afin de procéder à de nouvelles présentations ou nominations.

ART. 120.

Les délibérations des conseils généraux de département, des conseils d'arrondissement et des conseils municipaux ne seront valables que lorsqu'elles auront été prises en la présence de la majorité des membres desdits conseils.

ART. 121.

Les présidens et vice-présidens des assemblées électorales d'arrondissement seront nommés par le Roi; les présidens et vice-présidens des assemblées communales pourront être nommés par les préfets.

ART. 122.

On ne peut être à la fois membre du conseil général de département et d'un conseil d'arrondissement.

ART. 123.

Toutes les dispositions des lois, règlemens et décrets antérieurs, contraires à la présente loi, sont rapportées.

ART. 124.

Le Roi fera, par des ordonnances, les règlemens nécessaires pour l'exécution de la présente loi.

FIN.

www.ingramcontent.com/pod-product-compliance
Ingram Content Group UK Ltd.
Pitfield, Milton Keynes, MK11 3LW, UK
UKHW021055270726
13967UKWH00012B/1629